Puglia

Daniela Guaiti

LA GRANDE CUCINA REGIONALE ITALIANA

Puglia

GRIBAUDO

LA GRANDE CUCINA REGIONALE ITALIANA
PUGLIA

Testi: Daniela Guaiti
Fotografie: Vincenzo Lonati, tranne pp. 12 a destra,13, 21-23 (Christian Sappà), pp. 6, 11, 14, 17-19, fotografie di copertina in alto (Shutterstock Images)
Illustrazioni: Irene Tonin, Marta Tonin
Impaginazione: Filtroblu (VR), Monica Priante

Si ringraziano per la collaborazione: Maria Biffi, André Wadoux

Redazione Edizioni Gribaudo
Via Garofoli, 262 - San Giovanni Lupatoto (VR)
tel. 045 6152479 fax 045 6152440
e-mail: redazione@gribaudo.it

Responsabile iniziative speciali: Massimo Pellegrino
Responsabile editoriale: Franco Busti
Responsabile di redazione: Laura Rapelli
Redazione: Sara Sorio
Responsabile grafico e progetto grafico: Monica Priante
Fotolito e prestampa: Federico Cavallon, Fabio Compri
Segreteria di redazione: Daniela Albertini

Stampa: Arti Grafiche DIAL - Mondovì (CN)

© Edizioni GRIBAUDO srl
Via Natale Battaglia, 12 - 20127 Milano
e-mail: info@gribaudo.it
www.edizionigribaudo.it

Prima edizione 2010 [2(N)] 978-88-7906-839-0

Tutti i diritti sono riservati, in Italia e all'estero, per tutti i Paesi. Nessuna parte di questo libro può essere riprodotta, memorizzata o trasmessa con qualsiasi mezzo e in qualsiasi forma (fotomeccanica, fotocopia, elettronica, chimica, su disco o altro, compresi cinema, radio, televisione) senza autorizzazione scritta da parte dell'Editore. In ogni caso di riproduzione abusiva si procederà d'ufficio a norma di legge.

Sommario

I SAPORI DEL LEVANTE 7
La geografia del gusto 8
Oro, argento, verde e blu: i colori della cucina di Puglia 10
Denominazione di origine pugliese 20

Antipasti 26

Primi 40

Secondi 68

Contorni 88

Dolci 106

PRODOTTI E VINI DELLA PUGLIA 124
INDICE DELLE RICETTE 126

I sapori del Levante

Terra di grano, di olio e di vino, terra baciata dal mare, terra di antiche tradizioni, la Puglia si offre nei colori di una cucina essenziale.

I boschi verdi e le scogliere scoscese del Gargano; le bionde distese di grano del Tavoliere; l'incontro di due mari sotto l'occhio vigile del faro; le bianche spiagge dello Ionio; le grotte scolpite dal mare nella roccia calcarea. Sono scorci di una terra dove alla bellezza del paesaggio si sovrappongono le suggestioni della storia dell'uomo: le splendide cattedrali della Terra di Bari e il grande porto della città, la millenaria essenzialità del Dolmen di Bisceglie, la poesia dei trulli, le tradizioni elleniche conservate nella Grecìa salentina, la geometria del castello di Federico II. Specchio di questa storia e di questa natura è la semplicità di una cucina che riunisce sapori di terra e di mare, fatta di pasta e di verdura, di pane e di pesce, di olio e di erbe aromatiche, di formaggi e di frutta. Una cucina povera, in cui la carne compare di rado, a testimonianza di un passato contadino mai rinnegato; una cucina gustosa e leggera, il cui profumo si esalta nell'abbinamento con gli schietti vini locali. Il recupero delle tipicità pugliesi si fa evidente nella passione dei turisti che scoprono il sapore della Regione insieme alla sua bellezza e nell'amore di chi, nell'abbandonare la propria terra, ne ha portato con sé il ricordo in piatti oggi preparati in tutta Italia.

LA GEOGRAFIA DEL GUSTO

Là dove l'apulo Gargano,
fecondo di messi,
piegando la costa ausonia,
si allunga nelle onde dell'Adriatico,
esposto ai soffi del dalmatico borea
e del calabro austro.

Lucano, *Pharsalia*

Oro, argento, verde e blu: i colori della cucina di Puglia

È la campagna la nota dominante del paesaggio pugliese. Una campagna dipinta da vaste pennellate di colore, la cui solare uniformità è interrotta dal bianco nitore dei centri abitati. Le grandi distese di campi, definite da spazi di monocoltura, la dimensione degli insediamenti, rari sul territorio e ben distanziati l'uno dall'altro, tutto rimanda a un lungo passato di latifondo. Costretta per secoli dalla sua posizione geografica a un ruolo di periferia nel Mediterraneo, la Puglia ha attraversato la storia ai margini della Magna Grecia, dell'Impero Romano, all'ombra della potenza araba, normanna e sveva, e poi ancora nell'orbita del Regno di Napoli e delle Due Sicilie. Nel fluire della storia, tuttavia, la Regione ha trovato una propria centralità nella funzione di "dispensa", di serbatoio di risorse per gran parte del Sud. Le terre di Puglia, ricercate e ambite per la loro fertilità dai nobili di ogni epoca, hanno assunto nel tempo la fisionomia che ancora le caratterizza.
La presenza del latifondo, dominante fino ad alcuni decenni fa, ha orientato lo sviluppo agricolo verso scelte di produzione destinate ai grandi mercati e ha condizionato le linee del paesaggio agrario, la distribuzione degli abitati e i ritmi di vita e di lavoro delle popolazioni contadine. Solo gli spazi incolti, destinati al pascolo delle greggi, e gli orti familiari fornivano prodotti di sussistenza agli abitanti dei grossi borghi agricoli, in maggioranza braccianti, costretti a spostarsi quotidianamente per lavorare le terre altrui. Molti di quei borghi oggi si sono trasformati in città, ma la tradizione contadina si perpetua nelle

forme urbanistiche e architettoniche, nella cultura, nel folklore, nelle abitudini e nella cucina. Una cucina schietta e genuina, che affonda le proprie radici nei doni del grano – il pane e la pasta –, che trova il proprio filo conduttore nell'olio di oliva, che si arricchisce del gusto semplice degli ortaggi, delle erbe mediterranee e del pesce. Una cucina fatta di sapore, di sole e di colore, riflesso del paesaggio di Puglia, in cui all'oro dei campi di grano, all'argento degli uliveti e al verde delle vigne fa da cornice il blu del mare.

Le terre del grano

La più vasta pianura dell'Italia meridionale, il Tavoliere, è quasi interamente coltivata a grano. Al centro di questa distesa dorata è situata Foggia, antico centro di transumanza e ancora oggi importante mercato cerealicolo. Il nome stesso della città sembra derivare dal latino *fovea*, «fossa», che secondo una suggestiva interpretazione alluderebbe ai magazzini per la conservazione del frumento. Al di là delle motivazioni storiche, le condizioni ambientali rendono questa terra ideale per il grano: grano duro, adatto al clima secco e ventoso, la cui coltura si è impo-

La coltivazione del grano in Puglia ha una storia millenaria.

sta negli spazi un tempo destinati alla pastorizia, soprattutto dopo la costruzione dell'Acquedotto Pugliese.

Se il paesaggio di questa regione è dominato dal biondo colore delle messi, il grano continua a essere protagonista in tavola: pizze, focacce, pani e soprattutto pasta, preparata in tanti formati diversi, tra cui i cavatelli e i troccoli, e condita con sughi di ogni tipo, sempre gustosi nella loro semplicità.

Del resto la Puglia è il primo produttore di grano duro in Italia: un primato che estende a tutta la Regione la sorprendente varietà di prodotti derivati dalla farina. Le paste vedono, accanto alle celebri orecchiette, lagane, fusilli, minchiareddhi, sagne 'ncannulate, maccaruni, fenescecchie e strascinati.

Un caleidoscopio di forme a cui si accompagna una vetrina di sughi altrettanto ricca: dal classico binomio con le cime di rapa al semplice condimento di pomodoro, dal sugo di ricotta forte a quello con il polpo, dal ragù ai tanti intingoli a base di verdura, pesce o carne, il tutto profumato e insaporito da aglio e peperoncino.

Diffusissime le pizze e le focacce: a Foggia la scanatedda, dall'aroma di finocchio, le pizzelle e il calzone; a Lecce il rustico, di pasta sfoglia, i pizzi, insaporiti con pomodoro, cipolla e capperi, e la puccia, arricchita con olive nere; a Bari la focaccia a libro, con origano, olive o uva passa.

Le tradizionali orecchiette sono ormai diventate un classico della cucina italiana.

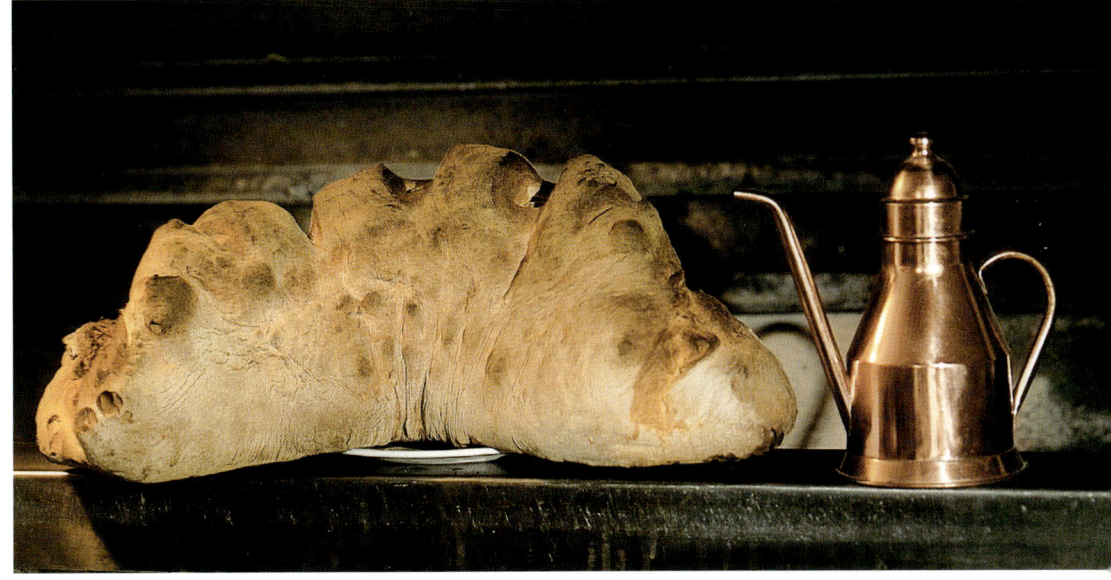

L'arte della panificazione: uno dei settori di eccellenza dell'enogastronomia pugliese.

E poi il pane: le grosse forme di "casereccio" sono ormai conosciute e apprezzate in tutta Italia, tanto da essere chiamate semplicemente "pugliesi", ma non sono che un esempio di un panorama ricco e complesso.

Le grandi pagnotte rotonde assumono i connotati della tipicità nelle produzioni di Monte Sant'Angelo, di Ascoli Satriano e di Laterza, e raggiungono un'indiscussa eccellenza nel Pane di Altamura, per il quale è stata riconosciuta la Denominazione di Origine Protetta: sempre fragrante, ricoperto da una spessa crosta dorata, questo prodotto si può presentare sia nella classica forma "accavallata", detta *sckuanète*, sia in forme circolari, schiacciate, alle quali un solco rotondo conferisce l'aspetto di un *capidde de prèvete*, un cappello da prete.

Ma in Puglia si preparano anche i cosiddetti pani "da serbo", come i croccanti taralli e le friselle, dischi biscottati tipici del Leccese: una vera e propria scorta alimentare da conservare per lungo tempo, adatta ad accompagnare i pastori, i marinai e i viaggiatori. Già Orazio ricordava come molti accorti viandanti fossero soliti acquistare il buon pane di questa regione e portarselo sulle spalle lungo il cammino: *sed panis longe pulcherrimus, ultra / callidus ut soleat umeris portare viator* (Satire, I, V, 89-90).

Il giardino degli ulivi

Dal rosso della terra nasce l'argento degli ulivi: sono le "terre rosse", famose per la loro fertilità, argillose e calcaree, a rendere l'olivicoltura pugliese tanto prospera da garantire alla regione il primato nazionale nella produzione di olio. Gli uliveti si concentrano soprattutto nella Terra di Bari, sul Gargano e nel Salento, zone in cui la quantità trova riscontro in una qualità riconosciuta.

La Terra di Bari dà nome a un extravergine a marchio DOP profumato, ricco di note erbacee e mandorlate, il cui gusto caldo sfuma in sentori più o meno fruttati o piccanti a seconda delle zone in cui viene prodotto. Il Terra di Bari DOP è il segreto della cucina locale: il grano, gli ortaggi, i formaggi, le carni e, naturalmente, l'olio giungono dalle campagne nel capoluogo per incontrare i doni del mare e dar vita ai grandi piatti della tradizione. Le orecchiette e gli altri formati di pasta si sposano con le cime di rapa, con le braciole, con il ragù o con le cozze; le carni vedono protagonista l'agnello, profumato di erbe e cotto nei modi più semplici. Il pesce, in tutte le sue varietà, si cucina in zuppa, alla griglia o in casseruola: da provare le alici arraga-

Ulivi secolari e "terre rosse": una visione frequente nel paesaggio pugliese.

nate, con mollica di pane, aglio e pomodoro, e l'orata alla barese. L'olio definisce il gusto di tutti questi piatti, e lascia la sua impronta anche nella pasticceria: utilizzato anche per arricchire gli impasti, è la base per la preparazione dei tanti dolci fritti, come le tipiche carteddate.

Verdure, legumi, pane, pasta e uova, funghi, pesce e agnello sono gli elementi cardine della cucina del Gargano, in cui spiccano piatti come la tiella di verdure, il pancotto e i turcinelli, a base di interiora di agnello. Ancora una volta è l'olio a legare i sapori della terra e del mare: l'Olio Extravergine di Oliva Dauno DOP, fragrante e fruttato, si produce in provincia di Foggia, nella regione che i Romani chiamavano Daunia e che abbraccia le distese del Tavoliere, i rilievi del Gargano e i monti del Subappennino. In una zona limitata di questo territorio gli ulivi regalano, oltre all'olio, un'oliva da tavola di grande pregio: è la Bella della Daunia DOP, appartenente alla varietà Bella di Cerignola, che, verde o nera, si riconosce per la buccia sottilissima e per la polpa carnosa, dal sapore insieme pieno e delicato. Conservate in salamoia, le olive si gustano da sole, come stuzzichino, e arricchiscono pizze, pani, focacce, sughi e altri piatti locali.

La conservazione delle olive è tradizionale anche nella penisola Salentina: qui la Ogliarola leccese si condisce con olio e peperoncino. Un'usanza che testimonia l'importanza dell'ulivo nella zona: nel Salento non solo gli uliveti sono parte del paesaggio, ma anche i *trappeti*, antichi frantoi scavati nella roccia, testimonianza di un'attività già radicata in epoca Romana, che fu potenziata nel Medioevo dai monaci dell'Ordine di San Basilio. Furono i frati a piantare alcuni degli ulivi secolari ancora oggi visibili nei dintorni di Tricase e Cerrate, e furono gli stessi monaci a dare alla penisola il nome di Terre d'Otranto. Nome che oggi identifica un extravergine DOP dai riflessi verdi e dal sapore fruttato e piccante. L'abbinamento di questo olio con le verdure, il pesce e la pasta è la chiave della gastronomia locale: fave e cicorie, lampascioni, tiella di cozze e verdura, polpo in pignata, ciceri e tria, la versione salentina della pasta e ceci.

Ma non finisce qui: altre due DOP tutelano la produzione di olio pugliese. L'extravergine Collina di Brindisi e il Terre Tarentine sono perfetti per insaporire i piatti di pesce della costa adriatica,

come la ricca zuppa con anguilla, cernia, dentice, orata e frutti di mare, e di quella ionica, come le cozze arraganate.
Una tale abbondanza e varietà di produzione viene, per tradizione, utilizzata non solo in cucina, ma anche per la preparazione di conserve: la necessità di fare scorta dei doni della terra ha trovato nell'olio pugliese l'elemento ideale, che con la sua corposa sapidità esalta il gusto di asparagi, funghi, lampascioni, melanzane e pomodori secchi.

Il paesaggio dei vigneti

«Possa io raggiungere le dolci correnti del Galeso e i campi su cui regnava lo spartano Falanto. Quell'angolo di terra più di ogni altro mi sorride, dove il miele non è inferiore a quello dell'Imetto e le olive gareggiano con quelle della verde Venafro; dove Giove dona lunghe primavere e tiepidi inverni e l'Aulone, amico del fecondo Bacco, non invidia per nulla le uve del Falerno.»
(Orazio, *Carmina*, II, 6)

Campi, uliveti, vigneti: sulla costa ionica si ripetono i tratti del paesaggio agricolo tipici di tutta la Puglia. Qui le vigne, coltivate in maggioranza "ad alberello", secondo una tradizione antica di origine greca, si dispongono ordinatamente nei filari di più recente impianto o si distribuiscono in fantasiose geometrie negli spazi da secoli destinati alla viticoltura. Principe dell'enologia tarantina è il Primitivo di Manduria DOC, derivato dall'omonimo vitigno che dalla costa si è diffuso verso le Murge e Bari. Corposo, solare, pieno e armonico, questo rosso si sposa alle pietanze di agnello e castrato della cucina locale e ai saporiti pecorini pugliesi. Le brezze dello Ionio accarezzano anche le vigne da cui nasce il Lizzano DOC: tra le diverse varietà di vini bianchi e rossi prodotti nell'ambito della DOC, spicca il Lizzano rosato, dal colore vivace e dall'aroma fresco e fruttato. Sono le uve Negroamaro, autoctone, a definire la personalità di questo vino, come di altri vini della penisola: tra questi il Leverano, il Brindisi, il Nardò e il Salice Salentino, DOC conosciute soprattutto per i rosati, ma che in versione rossa raggiungono elevati livelli di qualità. Il Salentino in particolare conquista con la profondità del suo colore granato, l'ampiezza del suo sapore asciutto e vellutato, la complessità del suo aroma fruttato.

Ai piedi dell'enigmatico castello di Federico II si estendono le coltivazioni di uva di Troia. Secondo la leggenda sarebbe stato l'eroe Diomede, dopo la guerra narrata da Omero, a portare in Puglia, sulla costa adriatica, questo vitigno, oggi protagonista del Castel del Monte DOC rosso, intenso e asciutto, così come gli altri rossi DOC prodotti a partire dalla stessa uva: tra gli altri il Rosso di Canosa e di Barletta, nella Terra di Bari, e il Rosso di Cerignola e il Cacc'e Mmitte di Lucera, nel Foggiano.

Se la Puglia è da tempo famosa per i suoi rosati, se i rossi stanno raccogliendo sempre maggiori consensi, non mancano i vini bianchi, dal San Severo al Martinafranca, dal Castel del Monte al Locorotondo: quest'ultimo, con i suoi lucenti riflessi verdi e il suo profumo floreale, è ideale da servire fresco ad accompagnare i piatti di pesce della gastronomia pugliese.

E poi i vini dolci, su tutti il Moscato di Trani: Dolce o Liquoroso, avvolge con le sue sfumature dorate, con il suo profumo caldo e intenso e con il suo gusto setoso. Le sue note di miele e spezie, di frutta candita e di fiori esaltano la fragranza della pasticceria tradizionale, ricca di frutta secca e vino cotto, di ricotta e marmellata, profumata di scorze di agrumi e di cannella: taralli dolci, mandorlate, frittelle, grano dei morti, bocche di dama, dita degli apostoli, cuscini di Gesù Bambino, dolcetti della sposa, intorchiate, fruttoni. Tanti dolci, tutti diversi, i cui nomi evocativi sono segno di un profondo legame con le tradizioni: molte specialità sono dedicate a festività religiose e a ricorrenze importanti, matrimoni, battesimi e perfino funerali, in occasione dei quali era usanza confortare i parenti del defunto con il dono di un dolce, il "consolo".

I vini di Puglia, dunque, a lungo considerati vini "da taglio" per l'alta gradazione alcolica e per l'abbondanza della produzione, si stanno oggi affermando anche sul piano della qualità, grazie a una nuova attenzione alle esigenze del mercato, da quello più raffinato a quello più popolare.

L'essiccazione dei pomodori: un metodo saporito per conservare questi gustosi ortaggi.

Il profilo del mare

Quasi 800 chilometri di costa disegnano il profilo di una regione abbracciata da due mari: una lunga linea che si dipana tra bianche spiagge sabbiose che sembrano estendersi all'infinito e suggestive pareti di roccia che incombono sulle acque, dove il paesaggio della macchia mediterranea si alterna agli uliveti e ai frutteti, dove i tetti a terrazza e i muri dipinti a calce inondano di luce bianca i borghi affacciati su un abisso di blu.

Dai porti pescherecci di Manfredonia, Molfetta, Mola di Bari, Monopoli, Gallipoli e Otranto, come dai piccoli approdi dell'Adriatico e dello Ionio, prendono il largo ogni giorno le barche dei pescatori; a riva, in particolare lungo le coste garganiche, i pittoreschi trabucchi, le tradizionali strutture di legno ancorate alla roccia e protese sull'acqua, sostengono reti a maglie strette.

Se la pesca costituisce un settore importante dell'economia regionale, il pesce è un pilastro della gastronomia pugliese, dove la carne fa raramente la sua comparsa, legata un tempo ai giorni di festa e limitata all'agnello, al castrato e al cavallo. Dentici e orate, sogliole e alici, acciughe e saraghi, polpi, seppie, calamari e crostacei di ogni tipo: una ricchezza di ingre-

La pesca, in Puglia, ha un ruolo di primo piano sia nell'economia sia nella gastronomia.

dienti che si declina nella semplicità delle preparazioni, alla griglia o al forno, in *pignata* o in zuppa, nel sugo per la pasta o nei fritti. Proprio una frittura, quella di *pupiddhi*, avannotti di pesce azzurro, è alla base della celebre scapece gallipolina, un tipo di conserva che alterna strati di pesce a strati di pane grattugiato, il tutto irrorato con aceto profumato di zafferano.

Accanto alla pesca c'è la mitilicoltura, attività radicata da secoli nel golfo di Taranto, in particolare nel Mar Piccolo: cozze, lumache di mare e prelibate ostriche, la cui eccellenza era già riconosciuta in epoca romana, quando la città forniva frutti di mare al mercato della capitale e porpora, colorante ricavato dal murice, a tutto l'impero. In Puglia le ostriche si gustano crude oppure cotte, gratinate, così come le cozze, che si preparano in cento modi diversi: fritte, in teglia, in tortiera, ripiene, con i peperoni, in frittata, in zuppa con la pasta, e nella celebre tiella, con il riso e le patate.

Nella cucina regionale i doni del mare trovano un'identità del tutto particolare nell'incontro con i prodotti della terra: non solo la pasta, l'olio, le erbe e gli ortaggi, ma anche il formaggio che caratterizza piatti come le cozze ripiene, l'orata alla pugliese o le sarde in tortiera.

Denominazione di origine pugliese

La Puglia è terra di primati: la regione si trova al vertice della classifica nazionale per la produzione non solo di frumento, olio e vino, ma anche di uva da tavola, pomodori, carciofi, cavoli e cavolfiori, lattuga, indivia e cocomeri. Tanta ricchezza è dovuta non solo al clima favorevole e alla conformazione del territorio, prevalentemente pianeggiante, ma anche ai trascorsi storici della regione che hanno fatto dell'agricoltura l'attività portante dell'economia. In questo quadro si ritagliano un posto di rilievo i frutti, gli ortaggi, i formaggi, le specialità che, legate indissolubilmente al territorio, sono oggi riconosciute per la loro tipicità.

Orti e frutteti

«Ricordo di aver visto sotto le torri della rocca di Taranto [...] un vecchio di Còrico [...] era il primo a cogliere le rose in primavera e i frutti in autunno. [...] E quanti pomi in fiore rivestivano l'albero nella prima fioritura, tanti ne otteneva maturi in autunno. Ed egli anche disponeva gli olmi in filari, e i durissimi peri e pruni che portano frutti.» (Virgilio, *Georgiche*, IV)
Ancora oggi sulla fascia costiera della Puglia i frutteti offrono la freschezza e il colore delle mele e delle melagrane, dei fichi e delle ciliegie. Ai tempi di Virgilio non erano ancora presenti gli agrumi, che attualmente caratterizzano la produzione regionale. L'Arancia del Gargano, il Limone Femminello del Gargano, le Clementine del Golfo di Taranto: tutti tutelati dal marchio IGP, questi frutti si possono gustare freschi, al naturale, in spremute o in macedonie, o come ingrediente di succhi, marmellate, gelatine, sorbetti e dolci.
Importante anche la coltivazione di uva da tavola, in particolare quella del Golfo di Taranto e la bianca Baresana: quest'ultima, apprezzata per il suo gusto zuccherino e per il suo colo-

re brillante, è impiegata anche nella preparazione di uva passa e del tradizionale vincotto, presente in tanti dolci locali.

Ingrediente spesso presente nella pasticceria pugliese è anche la mandorla, intera, in granella, in farina, sotto forma di pasta o di latte di mandorle: celebri le mandorle di Toritto, nelle Murge, dall'aroma intenso e dalla consistenza croccante e insieme burrosa. Se a fine pasto la frutta fresca o secca è protagonista, anche la verdura può trovare spazio come dessert: in Salento è una sorta di rito far seguire alla portata principale *u subbra taula*, un misto di ortaggi crudi, frutta e frittelle. Nella gastronomia pugliese i prodotti dell'orto definiscono il sapore di moltissimi piatti, oltre ad accompagnare le pietanze di carne e pesce. Innanzitutto i legumi, fagioli e ceci, fave e piselli, come il pregiato pisello riccio di Sannicola; e accanto a cime di rapa, carciofi, carote, cipolle e melanzane, gli immancabili pomodori: particolare il pomodoro "da serbo" giallo, dall'insolito colore dorato, coltivato nel Salento. Infine una tipicità tutta pugliese: i lampascioni, i bulbi del *Muscari Comosum*, si raccolgono nelle campagne come una vera ricercatezza; con il loro inconfondibile sapore amaro, sono ottimi lessati, arrostiti, fritti, in frittella, alla brace o sott'olio.

Mandorle, fichi, lampascioni sono solo alcuni dei prodotti del fertile suolo pugliese.

Formaggi, salumi e...

Il Canestrato Pugliese, per il quale è stata riconosciuta la Denominazione di Origine Protetta, è forse il prodotto più nobile dell'arte casearia regionale: il nome di questo formaggio deriva dal canestro di giunco utilizzato per la pressatura e la salagione dei pecorini. Preparato nella provincia di Foggia e in parte di quella di Bari, si ottiene a partire da latte intero di pecora appartenente alla razza Gentile di Puglia. Più o meno maturo, il Canestrato Pugliese DOP deve recare impressi sulla crosta i segni lasciati dal giunco durante la fase della pressatura; una volta tolte dai canestri, le forme vengono sistemate a stagionare in ambienti freschi, per un periodo di almeno 3 mesi. La pasta, fondente, friabile e delicatamente profumata, ha un gusto sapido che diventa via via più pronunciato con il protrarsi della stagionatura, tanto che i formaggi più vecchi sono perfetti per essere grattugiati.

Dal latte ovino in Puglia si ricavano anche altre specialità: dai pecorini, come quello di Maglie, nel basso Salento, alla scamorza di pecora, fino alle ricotte, nella cui produzione spesso latte di pecora e di vacca si mischiano.

È il caso della ricotta forte, stagionata e piccante, e della marzotica leccese, rivestita di erbe spontanee.

Tra i formaggi vaccini spicca la burrata, celebre quella di Andria, un "sacchetto" di pasta filata che racchiude un cuore di "stracciatella", misto di panna e ritagli di pasta. Questo formaggio viene confezionato legando intorno alla strozzatura un nastro di fibra vegetale, in modo da ottenere la tipica forma a triangolo.

I salumi, in Puglia, sono prodotti soprattutto nel territorio dell'Appennino Dauno.

Il caciocavallo, uno dei prodotti più conosciuti della produzione casearia pugliese.

Sulle alture della Daunia, nel subappennino e nel Gargano l'allevamento di vacche di razza podolica garantisce la materia prima per il caciocavallo podolico, che matura fino a raggiungere la complessità aromatica che lo contraddistingue. Questo caratteristico sapore è conferito soprattutto dall'alimentazione delle vacche, che si nutrono delle numerose erbe aromatiche presenti nei pascoli.

Dall'Appennino Dauno provengono anche gustosi salumi, salsicce, prosciutti e la squisita soppressata: tutte specialità legate alla tradizionale presenza dell'allevamento suino, che qui è ben rappresentato da una razza autoctona, il maiale nero dei monti Dauni, e al particolare clima di montagna che favorisce la conservazione delle carni.

Tra i salumi, celebre è anche il capocollo di Martina Franca, prodotto nel territorio dell'omonimo comune, dal colore rosso intenso venato da striature bianche; altrettanto intenso, per effetto dell'affumicatura, è il sapore.

Le ricette

NOTA: molte ricette della cucina regionale italiana si presentano con varianti tradizionali; in questi casi, poiché non esiste una "ricetta originale", si è scelta di volta in volta la versione ritenuta più rappresentativa.
Se non diversamente specificato, le dosi degli ingredienti sono calcolate per 4 persone.

INGREDIENTI: 500 g di **alici**, 2,5 dl di **aceto**, **farina**, 1 **cipolla**, 1 spicchio di **aglio**, 1 foglia di **alloro**, **olio extravergine di oliva**, **sale**

Alici all'aceto

Mondate, aprite a libro, diliscate e lavate le alici, quindi infarinatele e friggetele, poche per volta, in una padella con abbondante olio caldo. Sgocciolatele con il mestolo forato e trasferitele su carta assorbente da cucina perché perdano l'unto in eccesso, quindi salatele leggermente. Affettate la cipolla e ponetela a rosolare in un tegame con l'aglio leggermente schiacciato, l'alloro e 4 cucchiai di olio. Unite l'aceto e lasciate bollire per circa 10 minuti. Disponete le alici in una teglia di terracotta, irroratele con il composto di aceto e lasciate raffreddare. Incoperchiate e lasciate riposare in frigorifero per almeno un giorno prima di servire.

Si tratta di un'antica preparazione salentina che consente di conservare le alici per diversi giorni.

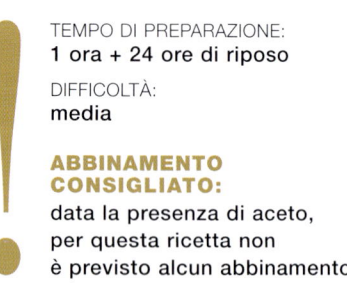

TEMPO DI PREPARAZIONE:
1 ora + 24 ore di riposo
DIFFICOLTÀ:
media
ABBINAMENTO CONSIGLIATO:
data la presenza di aceto, per questa ricetta non è previsto alcun abbinamento.

INGREDIENTI: 500 g di **alici**, il **succo** di 2 **limoni**, 1 spicchio di **aglio**, **olio** extravergine di oliva, **sale**, **pepe** in grani

Alici marinate

Mondate, aprite a libro, diliscate e lavate le alici, quindi disponetele bene aperte in un piatto. Preparate un'emulsione con il succo dei limoni, l'aglio tagliato a fettine sottili, 5 cucchiai di olio, sale e pepe appena macinato. Versate l'emulsione sulle alici e lasciatele marinare al fresco per circa 2 ore. Sgocciolatele dalla marinata e servite, irrorando a piacere con un filo di olio.

"Lu puésc' eia sèmb' pésc' e ind'a l'acqua crésc'", dice un proverbio pugliese: «Il pesce è sempre pesce e cresce nell'acqua».

TEMPO DI PREPARAZIONE:
20 minuti + 2 ore di riposo

DIFFICOLTÀ:
media

ABBINAMENTO CONSIGLIATO:
per questa ricetta non è previsto alcun abbinamento.

INGREDIENTI PER 6 PERSONE:
500 g di **pasta da pane** (*vedi* pag. 31), 3 **cipolle**, 300 g di **pomodori**,
100 g di **olive nere** snocciolate, 50 g di **capperi** sotto sale,
4 filetti di **acciuga** sotto sale, 1 ciuffo di **prezzemolo**,
100 g di **pecorino** grattugiato, **olio extravergine di oliva**, **sale**

Calzoni pugliesi

Stendete la pasta da pane in una sfoglia piuttosto sottile e dividetela in 6 dischi regolari; lasciateli lievitare per circa un'ora. Nel frattempo affettate le cipolle e fatele appassire in un tegame con mezzo bicchiere di olio. Sbollentate i pomodori, pelateli, tagliateli a pezzi e aggiungeteli alle cipolle ormai appassite. Tritate grossolanamente le olive, dissalate i capperi, dissalate e tagliate a pezzetti le acciughe, tritate il prezzemolo e versate il tutto nel tegame; regolate di sale, togliete dal fuoco e aggiungete il pecorino. Mescolate e lasciate intiepidire. Disponete una parte di farcia sulla metà di ogni disco di pasta, ripiegate la metà libera a mezzaluna e sigillate perfettamente i bordi; spennellate la superficie dei calzoni con abbondante olio, trasferiteli su una placca da forno unta di olio e cuoceteli in forno già caldo a 200 °C per circa 20 minuti. Serviteli appena sfornati.

TEMPO DI PREPARAZIONE:
1 ora e 30 minuti
DIFFICOLTÀ:
media
ABBINAMENTO CONSIGLIATO:
Brindisi Rosato
Vigna Flaminio
di Agricole Vallone (LE)

Il calzone in Puglia può essere farcito con ripieni diversi: tra gli ingredienti utilizzati si possono trovare caciocavallo, ricotta, prosciutto, melanzane, zucchine, ma anche baccalà e uva passa.

INGREDIENTI: 1 kg di **cozze**, 2 **uova**, farina, olio di oliva, sale

Cozze fritte

TEMPO DI PREPARAZIONE:
30 minuti

DIFFICOLTÀ:
media

ABBINAMENTO CONSIGLIATO:
Alticelli Bianco Salento di Cantele (LE)

Spazzolate e lavate le cozze, raccoglietele in una casseruola, incoperchiate e portate su fuoco vivace per farle aprire; scartate quelle che rimarranno chiuse. Estraete i molluschi dai gusci e passateli prima nelle uova sbattute e poi nella farina. Friggete le cozze infarinate, poche per volta, in una padella con abbondante olio caldo; sgocciolatele con il mestolo forato, trasferitele su carta assorbente da cucina perché perdano l'unto in eccesso, salatele e servitele calde.

Le cozze sono molto diffuse nella gastronomia pugliese: tra le più apprezzate c'è la cozza tarantina, nota anche come "cozza gnure".

INGREDIENTI

PER LA PASTA DA PANE: 250 g di **farina**, 15 g di **lievito** di **birra**, **sale**
PER COMPLETARE: 120 g di **olive nere** snocciolate,
80 g di **pomodori** secchi, **origano**,
olio extravergine di oliva, **sale** grosso

Focaccia con olive e pomodori secchi

Per la pasta da pane, stemperate in 125 ml di acqua tiepida il lievito sbriciolato e poco sale. Versate la farina a fontana in una ciotola e al centro mettete il lievito sciolto; amalgamate con un cucchiaio, quindi impastate con le mani. Trasferite la pasta sulla spianatoia e continuate a impastare, stendendo e raccogliendo l'impasto fino a che non risulterà liscio. Formate una palla, ponetela in una ciotola infarinata, incidetela a croce, copritela con un canovaccio e lasciatela lievitare per circa un'ora.

Nel frattempo ponete ad ammorbidire i pomodori in acqua, scolateli dopo qualche minuto e sminuzzateli; tritate le olive. Ponete la pasta sulla spianatoia infarinata, sgonfiatela con le mani, unite le olive, i pomodori, origano e 2 cucchiai di olio; riprendete a impastare con energia. Stendete la pasta in modo da ottenere 4 focaccine che trasferirete sulla placca da forno spennellata di olio. Spennellate con abbondante olio anche la superficie delle focacce, cospargetele di sale grosso e premete con le dita per praticare alcune piccole cavità. Cuocete le focacce in forno già caldo a 200 °C per circa 25 minuti, sfornatele e servitele tiepide.

TEMPO DI PREPARAZIONE:
1 ora + 1 ora di riposo
DIFFICOLTÀ:
media

ABBINAMENTO CONSIGLIATO:
Chardonnay del Salento di Cantele (LE)

Antipasti

INGREDIENTI: 4 **friselle**, 300 g di **pomodori**, **peperoncino** in polvere, **olio extravergine di oliva**, **sale**

Friselle al pomodoro

Ammorbidite le friselle in poca acqua fredda. Lavate e tagliate a dadini i pomodori, quindi conditeli con una presa di peperoncino, un pizzico di sale e un filo di olio. Disponete le friselle ammorbidite sul piatto da portata, guarnitele con il pomodoro, completate a piacere con altro olio e servite.

La leggenda vuole che la frisella, pane biscottato di antica tradizione, sia stata portata in Puglia da Enea in fuga da Troia dopo la distruzione della città.

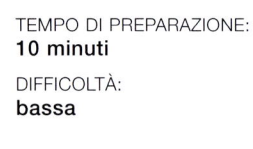

TEMPO DI PREPARAZIONE:
10 minuti

DIFFICOLTÀ:
bassa

ABBINAMENTO CONSIGLIATO:
Castel del Monte Chardonnay Lama di Corvo di Rivera (BA)

INGREDIENTI: 500 g di **lampascioni**, farina, 2 **uova**, olio di oliva, sale

Lampascioni fritti

TEMPO DI PREPARAZIONE:
45 minuti

DIFFICOLTÀ:
bassa

ABBINAMENTO CONSIGLIATO:
Corte Valesio Salento Bianco di Agricole Vallone (LE)

Mondate e lavate i lampascioni, incidetene la base con un taglio a croce e lessateli in acqua bollente leggermente salata.
Dopo circa 20 minuti, scolateli. Lasciateli intiepidire, tagliateli a metà verticalmente e passateli nella farina, quindi nelle uova sbattute e ancora nella farina. Friggeteli pochi per volta in una padella con abbondante olio ben caldo, sgocciolateli non appena diventano dorati e trasferiteli su carta assorbente da cucina perché perdano l'unto in eccesso. Salateli e serviteli caldi.

Diffusa è anche l'abitudine di friggere i lampascioni dopo averli immersi in una pastella di farina, uova, lievito, pecorino grattugiato e prezzemolo.

INGREDIENTI: 500 g di **farina**, 20 g di **lievito** di **birra, olio di oliva, sale**

Pittule

Stemperate il lievito sbriciolato in poca acqua tiepida leggermente salata. Setacciate la farina a fontana sulla spianatoia e al centro versate il lievito sciolto; amalgamate il tutto con un cucchiaio, quindi impastate con le mani, unendo tanta acqua tiepida quanta ne occorre per ottenere un impasto piuttosto morbido. Quando sarà omogeneo, copritelo con un canovaccio e lasciatelo lievitare in luogo tiepido per circa 3 ore. In una capace padella di ferro a bordi alti fate scaldare abbondante olio. Con l'aiuto di un cucchiaio unto di olio prelevate delle porzioni di impasto grandi come una noce e friggetele fino a che non saranno dorate. Sgocciolatele con il mestolo forato a mano a mano che saranno pronte e trasferitele su carta assorbente da cucina perché perdano l'unto in eccesso. Salatele leggermente e servitele caldissime.

Chiamate "pittule" o "pettole" in diverse zone della regione, queste frittelle si possono arricchire con patate bollite, cavolfiori, baccalà, alici salate o cozze, e si preparano anche in versione dolce.

TEMPO DI PREPARAZIONE:
45 minuti

DIFFICOLTÀ:
media

ABBINAMENTO CONSIGLIATO:
Brut Don Piero di Leone De Castris (LE)

Antipasti

INGREDIENTI: 500 g di **patate**, 80 g di **farina**, 1 **uovo**, **olio extravergine di oliva**, **sale**
PER GUARNIRE: 1 **mozzarella**, 2 **pomodori**, 2 **acciughe** sotto sale, **origano**

Pizza di patate

Lessate le patate con la buccia, pelatele ancora calde e passatele allo schiacciapatate, raccogliendo il ricavato in una ciotola.
Unite la farina, l'uovo, un filo di olio e un pizzico di sale e lavorate il tutto fino a ottenere una pasta liscia e per niente appiccicosa: se necessario, incorporate altra farina.
Trasferite l'impasto in una teglia unta di olio, livellate la superficie e guarnite a piacere con la mozzarella e i pomodori affettati, le acciughe dissalate, poco origano e ancora un filo di olio. Cuocete in forno già caldo a 200 °C per circa 30 minuti, sfornate e servite.

TEMPO DI PREPARAZIONE:
1 ora e 30 minuti
DIFFICOLTÀ:
media

ABBINAMENTO CONSIGLIATO:
Salice Salentino
Bianco Donna Lisa
di Leone De Castris (LE)

La pizza di patate si può guarnire a piacere, con ingredienti di ogni tipo, e viene spesso servita anche "in bianco", condita solo con un filo di olio.

INGREDIENTI: 1 **polpo** da ca. 800 g, 500 g di **patate**, 1 gambo di **sedano**, 1 ciuffo di **basilico**, **olio extravergine di oliva**, **sale**, pepe

Polpo e patate

Battete il polpo con il pestacarne, mondatelo, privandolo degli occhi e del becco, evisceratelo e lavatelo accuratamente, quindi immergetelo in una pentola con abbondante acqua bollente salata e lessatelo per circa 40 minuti.

Nel frattempo, sbucciate le patate, tagliatele a pezzetti e ponetele a rosolare in una padella con il sedano grossolanamente tritato e un filo di olio. Scolate il polpo, raffreddatelo sotto l'acqua corrente, quindi riducete i tentacoli a rondelle e il sacco a listarelle. Unite il polpo alle patate ormai dorate, lasciatelo insaporire per qualche minuto, regolate di sale, profumate con il basilico spezzettato e con pepe appena macinato, mescolate e servite.

Un proverbio pugliese dice che il polpo si cuoce con la sua stessa acqua: "U pulpe se cosce che l'àcqua soa stèsse".

TEMPO DI PREPARAZIONE:
1 ora

DIFFICOLTÀ:
bassa

ABBINAMENTO CONSIGLIATO:
Passo de le Viscarde bianco Salento di Agricole Vallone (LE)

INGREDIENTI: 500 g di **farina**, 30 g di **lievito di birra**, **olio extravergine di oliva**, **sale**

Tarallini

Stemperate il lievito in poca acqua tiepida. Setacciate la farina a fontana sulla spianatoia; al centro versate il lievito, 5 cucchiai di olio e una presa di sale. Impastate lungamente ed energicamente gli ingredienti aggiungendo, se necessario, poca acqua tiepida: dovrete ottenere una pasta molto soda, da cui ricaverete tanti cordoncini del diametro di un centimetro e lunghi 15 centimetri. Ripiegate i bastoncini di pasta ad anello, pressando le estremità per saldarle. In una capace pentola portate a bollore abbondante acqua salata, tuffatevi i tarallini pochi per volta e sgocciolateli non appena salgono a galla. Trasferiteli in una teglia foderata di carta da forno e cuoceteli in forno già caldo a 180 °C per circa 15 minuti.

L'impasto dei tarallini può essere arricchito con vino bianco, pepe nero, semi di finocchietto o peperoncino.

TEMPO DI PREPARAZIONE:
1 ora

DIFFICOLTÀ:
alta

ABBINAMENTO CONSIGLIATO:
Salento Bianco Laureato di Vetrere (TA)

INGREDIENTI: 320 g di **bucatini**, 200 g di **scamorza affumicata**, 80 g di **pancetta affumicata**, 1/2 **cipolla**, 3 **zucchine**, **olio extravergine di oliva**, **sale**, **peperoncino piccante** in polvere

Bucatini affumicati

Tritate la pancetta insieme con la cipolla e ponete il tutto a rosolare in un tegame con poco olio. Unite le zucchine tagliate a rondelle, salate e completate con un filo di olio e un pizzico di peperoncino. Lasciate cuocere per circa 20 minuti.

Nel frattempo in una capace pentola portate a bollore abbondante acqua salata, lessatevi i bucatini e scolateli al dente. Trasferiteli in una zuppiera, unite la scamorza tagliata a dadini e il sugo preparato, mescolate velocemente in modo che la scamorza cominci a fondere e servite.

TEMPO DI PREPARAZIONE:
30 minuti

DIFFICOLTÀ:
bassa

ABBINAMENTO CONSIGLIATO:
Salento Negroamaro
Piutri di Duca Carlo
Guarini (LE)

Il sugo "affumicato", semplice e saporito, si presta a condire anche altri formati di pasta.

INGREDIENTI: 400 g di **cavatelli** freschi, 400 g di **fave novelle**, 150 g di **pancetta** a dadini, 2 **cipollotti** freschi, 4 **pomodori** maturi, **vino bianco**, **menta** fresca, **olio extravergine di oliva**, **sale**, **pepe**

Cavatelli con fave novelle e pancetta

Sgranate e lavate le fave. Mondate e affettate a velo i cipollotti, quindi poneteli a rosolare in una padella con un filo di olio e la pancetta. Unite le fave e lasciate soffriggere il tutto. Aggiungete i pomodori, bagnate con poco vino, salate, pepate e lasciate cuocere per circa 15 minuti. Nel frattempo in una capace pentola portate a bollore abbondante acqua salata, lessatevi i cavatelli e scolateli al dente. Trasferiteli in una zuppiera, conditeli con il sugo preparato, completate con qualche foglia di menta spezzettata e servite.

TEMPO DI PREPARAZIONE:
35 minuti

DIFFICOLTÀ:
bassa

ABBINAMENTO CONSIGLIATO:
Salento Malvasia Nera Malìa di Duca Carlo Guarini (LE)

Dice un proverbio pugliese:
"Oggne e bbène da la tèrre vène",
ossia «Ogni bene viene dalla terra».

INGREDIENTI: 400 g di **cavatelli** freschi, 300 g di **rucola**, 350 g di **pomodori** maturi, 1 ciuffo di **basilico**, 1 spicchio di **aglio**, **olio extravergine di oliva**, **pecorino** grattugiato, **sale**, **pepe**

Cavatelli con la ruchetta

Mondate, lavate e sgocciolate la rucola.
Lavate i pomodori e riduceteli in dadolata.
Tritate il basilico insieme con l'aglio e ponete il tutto a rosolare in una padella con un filo di olio. Unite i pomodori, salate, pepate e lasciate cuocere per circa 20 minuti.
Nel frattempo in una capace pentola portate a bollore abbondante acqua salata, lessatevi i cavatelli e, a circa metà cottura, unite la rucola. Scolate pasta e verdura, trasferite il tutto in una zuppiera, condite con il sugo, cospargete di pecorino grattugiato e servite.

TEMPO DI PREPARAZIONE:
35 minuti

DIFFICOLTÀ:
bassa

ABBINAMENTO CONSIGLIATO:
Salento Bianco Grecale di Pirro Varone (TA)

In una diffusa variante, i cavatelli con la "ruchetta", o rucola, non vengono conditi con sugo di pomodoro, ma con un soffritto di aglio e acciughe salate.

INGREDIENTI: 400 g di **orecchiette** fresche, 350 g di **pomodori** maturi, 2 spicchi di **aglio**, 1 ciuffo di **basilico**, 1 **peperoncino piccante** fresco, **origano** fresco, **ricotta stagionata** grattugiata, **olio extravergine di oliva**, sale

Orecchiette alla crudaiola

Lavate e tritate grossolanamente i pomodori, quindi poneteli in una zuppiera insieme con l'aglio sbucciato e schiacciato, il basilico spezzettato, il peperoncino privato dei semi e tritato e una presa di timo. Salate e condite con un filo di olio, quindi lasciate riposare il tutto per circa 2 ore al fresco. In una capace pentola portate a bollore abbondante acqua salata, lessatevi le orecchiette e scolatele al dente, quindi trasferitele nella zuppiera con il condimento. Mescolate, completate con abbondante ricotta grattugiata e servite.

TEMPO DI PREPARAZIONE:
30 minuti + 2 ore

DIFFICOLTÀ:
bassa

ABBINAMENTO CONSIGLIATO:
Salento Rosato Fuxia di Paololeo (BR)

Ideali per insaporire questa pasta sono due varietà tradizionali di ricotta pugliese: la ricotta forte e la marzotica leccese, rivestita di erbe spontanee.

INGREDIENTI: 400 g di **capunti**, 600 g di **funghi cardoncelli**, 1 spicchio di **aglio**, 1 **peperoncino piccante** fresco, 1 **pomodoro** maturo, **olio extravergine di oliva**, **sale**

Capunti ai funghi cardoncelli

Mondate i funghi, lavateli in acqua fredda, asciugateli e tagliateli a pezzi. In una padella ponete a soffriggere con un filo abbondante di olio l'aglio schiacciato e il peperoncino sminuzzato. Unite i funghi e lasciateli insaporire, quindi aggiungete il pomodoro ridotto in dadolata, salate e fate cuocere per circa mezz'ora. Nel frattempo, in una capace pentola portate a bollore abbondante acqua salata, lessatevi i capunti e scolateli al dente. Trasferiteli nella padella con i funghi e fateli insaporire per qualche minuto prima di servire.

TEMPO DI PREPARAZIONE:
45 minuti

DIFFICOLTÀ:
bassa

ABBINAMENTO CONSIGLIATO:
Castel del Monte Bombino Bianco Marese di Rivera (BA)

I capunti, un formato di pasta simile ai cavatelli, si possono condire con diversi sughi, da quello di pomodoro a quello di finocchietto, dal ragù al sugo di broccoli.

INGREDIENTI: 350 g di **cavatelli**, 200 g di **ceci** secchi, 4 **pomodori**, 1 spicchio di **aglio**, 1 foglia di **alloro**, 1 **peperoncino piccante** fresco, 100 g di **mollica** di **pane**, olio extravergine di oliva, sale

Cavatelli ai ceci

TEMPO DI PREPARAZIONE:
**2 ore e 15 minuti
+ 12 ore di riposo**
DIFFICOLTÀ:
bassa

**ABBINAMENTO
CONSIGLIATO:**
Salento Negroamaro
di Vecchia Torre (LE)

Ponete ad ammollare i ceci in acqua tiepida leggermente salata per almeno 12 ore.
Sgocciolateli e trasferiteli in una pentola, possibilmente di coccio, con tanta acqua salata quanta ne occorre a coprirli.
Unite i pomodori a pezzi, l'aglio, l'alloro e poco sale; incoperchiate e lasciate cuocere dolcemente per circa 2 ore. Nel frattempo in una capace pentola portate a bollore abbondante acqua salata, lessatevi i cavatelli e scolateli al dente. In una padella fate rosolare il peperoncino sminuzzato in un filo abbondante di olio; unite la mollica sbriciolata e fatela insaporire. Mescolate i cavatelli con i ceci, unite la mollica fritta e servite.

L'abbinamento tra pasta e legumi in Puglia è tradizionale: cavatelli ai ceci, ciceri e tria, troccoli con i fagioli e orecchiette con lenticchie sono esempi di questa radicata abitudine alimentare.

INGREDIENTI: 400 g di **cavatelli** freschi, 1 **polpo** da ca. 400 g, 2 spicchi di **aglio**, 1 **peperoncino piccante** fresco, 1 gambo di **sedano**, 1/2 bicchiere di **vino**, 250 g di **pomodori pelati**, 1 mazzetto di **basilico**, olio extravergine di oliva, sale

Cavatelli al polpo

Battete il polpo con il pestacarne, mondatelo, privandolo degli occhi e del becco, evisceratelo e lavatelo accuratamente, quindi riducete i tentacoli a rondelle e il sacco a listarelle. Fate rosolare in 4 cucchiai di olio l'aglio schiacciato, il peperoncino tritato e il sedano tagliato a pezzetti, quindi unite il polpo e lasciatelo insaporire, mescolando, per qualche minuto.
Bagnate con il vino e lasciatelo evaporare, salate, unite i pelati, precedentemente schiacciati con una forchetta, incoperchiate e lasciate cuocere per circa 25 minuti. A fine cottura profumate con il basilico sminuzzato. In una capace pentola portate a bollore abbondante acqua salata, lessatevi i cavatelli e scolateli al dente. Trasferiteli in una zuppiera, conditeli con il sugo preparato, completate con un filo di olio e servite.

TEMPO DI PREPARAZIONE:
1 ora

DIFFICOLTÀ:
media

ABBINAMENTO CONSIGLIATO:
Marfi Chardonnay di Puglia di Vigne e Vini (TA)

Diffusi anche in altre regioni del Meridione, i cavatelli si preparano a partire da un impasto di semola di grano duro e acqua.

INGREDIENTI: 300 g di **ceci** secchi, 300 g di **semola** rimacinata di **grano duro**, 1 **pomodoro**, 2 foglie di **alloro**, 1 rametto di **rosmarino**, 1 **cipolla**, 1 ciuffo di **prezzemolo**, 1 gambo di **sedano**, 2 spicchi di **aglio**, 1 **peperoncino piccante** fresco, **farina**, **olio extravergine di oliva**, **sale**

Ciceri e tria

Ponete ad ammollare i ceci in acqua tiepida leggermente salata per almeno 12 ore.

Preparate la pasta: lavorate la semola con tanta acqua tiepida quanta ne occorre per ottenere un impasto sodo, elastico e omogeneo. Impastate energicamente per circa 10 minuti, quindi formate una palla, copritela con un canovaccio umido e lasciatela riposare per circa mezz'ora. Stendete la pasta con il matterello sulla spianatoia leggermente infarinata, in modo da ottenere una sfoglia piuttosto sottile (1); arrotolatela su se stessa e tagliatela con un coltello pesante, per ottenere delle tagliatelle larghe circa un centimetro, che allargherete su di un canovaccio infarinato.

Sgocciolate i ceci e trasferiteli in una pentola, possibilmente di coccio, con abbondante acqua salata e aromatizzata con

1. Stendete la pasta in una sfoglia sottile.

2. Lessate i ceci in acqua salata e aromatizzata con erbe e verdure.

TEMPO DI PREPARAZIONE:
**3 ore e 30 minuti
+ 12 ore di riposo**
DIFFICOLTÀ:
alta

ABBINAMENTO CONSIGLIATO:
Le Cruste Puglia Rosso
di Alberto Longo (FG)

il pomodoro, le foglie di alloro, il rosmarino, la cipolla affettata, il prezzemolo e un cucchiaio di olio (2).
Lasciate cuocere per almeno 2 ore, o fino a che i ceci non saranno teneri, quindi scolateli e passate metà dei ceci al passaverdura. Lessate due terzi della pasta in acqua bollente salata aromatizzata con il gambo di sedano e la restante foglia di alloro.
In una capace padella fate rosolare in un filo di olio l'aglio sbucciato e il peperoncino sminuzzato; eliminate gli aromi e friggete nell'olio le rimanenti tagliatelle (3).
Raccogliete in una zuppiera i ceci passati e i ceci interi, la pasta lessata e scolata e quella fritta con il suo olio (4).
Lasciate riposare la zuppa per qualche minuto prima di servirla, completando a piacere con un filo di olio crudo.

3. *Friggete parte della pasta nell'olio profumato con aglio e peperoncino.*

4. *Raccogliete in una zuppiera i ceci passati e i ceci interi, la pasta lessata e scolata e quella fritta.*

Specialità leccese, questa zuppa viene preparata in numerose varianti: gli aromi possono cambiare, la tria, la pasta, può essere lessata nell'acqua di cottura dei ceci, ma i due ingredienti principali non cambiano mai.

Ciceri e tria

INGREDIENTI: 400 g di **lagane** fresche, 500 g di **spezzatino** di **agnello**, 3 spicchi di **aglio**, farina, 1/2 bicchiere di **vino bianco**, 250 g di **passata di pomodoro**, 1 foglia di **alloro**, **brodo**, 1 ciuffo di **prezzemolo**, **olio extravergine di oliva**, sale, pepe

Lagane con ragù di agnello

In una casseruola, possibilmente di coccio, ponete a rosolare con mezzo bicchiere di olio gli spicchi di aglio affettati. Infarinate leggermente la carne e unitela al soffritto, lasciatela insaporire mescolando, quindi sfumate con il vino.
Aggiungete la passata di pomodoro e la foglia di alloro, salate, pepate, incoperchiate e lasciate cuocere a fuoco lento per circa un'ora e mezza, bagnando con poco brodo se necessario. Nel frattempo in una capace pentola portate a bollore abbondante acqua salata, lessatevi le lagane e scolatele al dente. Conditele con il sugo di agnello, profumate con prezzemolo tritato e servite.

Le lagane, sorta di larghe tagliatelle a base di acqua e semola, sono diffuse anche in altre regioni del Meridione.

TEMPO DI PREPARAZIONE:
2 ore

DIFFICOLTÀ:
bassa

ABBINAMENTO CONSIGLIATO:
Maru Negroamaro del Salento di Castello Monaci (LE)

INGREDIENTI PER 6 PERSONE:
1 kg di **carne mista** di **maiale** magra e grassa, 500 g di **cavolfiore**, 400 g di **finocchio** selvatico, 400 g di **cardi**, 450 g di **sedano**, 1 **cipolla**, 2 **carote**, 2 **chiodi** di **garofano**, **pecorino** grattugiato, **sale**

Minestra verde

Tagliate la carne a pezzi e raccoglietela in una pentola con abbondante acqua; portate su fuoco moderato e lasciate bollire per circa un'ora, schiumando spesso il brodo. Unite tutte le verdure mondate, lavate e tagliate a pezzi, i chiodi di garofano pestati e una presa di sale. Incoperchiate e lasciate cuocere altre 2 ore, quindi profumate con pepe e pecorino grattugiato e servite.

Piatto tradizionale del Natale a Bari, si prepara in ogni famiglia secondo una ricetta diversa: la carne può essere sgocciolata e servita a parte, tra le verdure possono comparire verze e catalogna, mentre il brodo può essere arricchito da uva passa e pinoli.

TEMPO DI PREPARAZIONE:
3 ore e 30 minuti

DIFFICOLTÀ:
media

ABBINAMENTO CONSIGLIATO:
Salento Rosso Tempio di Giano di Vetrere (TA)

INGREDIENTI: 350 g di **troccoli** freschi, 250 g di **fagioli cannellini** secchi, 1 spicchio di **aglio**, 1 ciuffo di **prezzemolo**, 80 g di **pancetta**, 1 gambo di **sedano**, 100 g di **cotenna** di **maiale**, 4 **pomodori** pelati, **olio extravergine di oliva**, sale

N'trucc'l e fasul

Troccoli e fagioli

Lasciate in ammollo i fagioli per almeno 12 ore, quindi sgocciolateli e trasferiteli in una pentola, possibilmente di terracotta, con abbondante acqua salata e insaporita con l'aglio, il prezzemolo e un cucchiaio di olio. A parte fate rosolare la pancetta tritata con il sedano; unite la cotenna tagliata a pezzetti e lasciatela insaporire, quindi aggiungete i pelati schiacciati con una forchetta. Unite al pomodoro i fagioli cotti, con parte della loro acqua, lasciateli insaporire e regolate di sale: dovrete ottenere un condimento piuttosto brodoso. In una capace pentola portate a bollore abbondante acqua salata, lessatevi i troccoli e scolateli al dente. Mescolate i troccoli ai fagioli e servite.

Specialità del Gargano, in cui i troccoli, rustici spaghettoni simili ai maccheroni alla chitarra, si sposano ai fagioli in un piatto robusto e nutriente.

TEMPO DI PREPARAZIONE:
**2 ore e 30 minuti
+ 12 ore di ammollo**

DIFFICOLTÀ:
bassa

ABBINAMENTO CONSIGLIATO:
Moi Negroamaro di Puglia di Vigne e Vini (TA)

INGREDIENTI

PER LE ORECCHIETTE: 400 g di **semola** di **grano duro** rimacinata, **sale**
PER IL SUGO: 250 g di **spezzatino** di **maiale**, 250 g di **spezzatino** di **manzo**,
250 g di **spezzatino di agnello**, 250 g di **salsiccia**, 1 **cipolla**,
1 spicchio di **aglio**, 1 **peperoncino piccante** fresco,
1 bicchiere di **vino bianco**, 500 g di **passata di pomodoro**,
1 cucchiaio di **concentrato di pomodoro**, **brodo**,
pecorino grattugiato, **olio extravergine di oliva**, sale

Orecchiette alla barese

Per le orecchiette: versate la semola a fontana sulla spianatoia; al centro raccogliete poca acqua tiepida leggermente salata e iniziate a impastare aggiungendo, poca alla volta, tanta acqua quanta sarà necessaria a ottenere un composto sodo. Lavorate la pasta energicamente per 10 minuti, quindi copritela con un canovaccio e lasciatela riposare per mezz'ora. Staccate un pezzo di pasta per volta e arrotolatelo a formare un bastoncino del diametro di un centimetro, che taglierete a pezzetti regolari (1). Schiacciate ogni pezzetto di pasta fino a ottenere un dischetto (2), che rivolterete sul polpastrello del pollice per incurvarlo (3). Proseguite in questo

1. *Staccate un pezzo di pasta per volta e arrotolatelo a formare un bastoncino da cui ricaverete tanti pezzetti.*

2. *Schiacciate ogni pezzetto di pasta fino a ottenere un dischetto.*

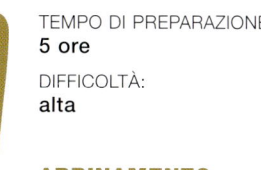

TEMPO DI PREPARAZIONE:
5 ore

DIFFICOLTÀ:
alta

ABBINAMENTO CONSIGLIATO:
Artas Primitivo del Salento di Castello Monaci (LE)

modo fino a esaurire la pasta. Lasciate riposare le orecchiette per qualche ora all'aria. Nel frattempo preparate il sugo: in un tegame ponete a rosolare con mezzo bicchiere di olio la cipolla affettata, l'aglio e il peperoncino interi.

Unite la carne e la salsiccia sbriciolata, lasciate insaporire, quindi eliminate l'aglio e il peperoncino. Bagnate con il vino, lasciatelo evaporare, aggiungete la passata e il concentrato di pomodoro stemperato in un mestolino di brodo. Regolate di sale, incoperchiate e lasciate cuocere per circa 3 ore, bagnando con poco brodo se necessario. In una capace pentola portate a bollore abbondante acqua salata, lessatevi le orecchiette e scolatele al dente. Trasferitele in una zuppiera, conditele con il ragù preparato, cospargete di pecorino grattugiato e servite.

3. *Rivoltate il dischetto sul polpastrello del pollice per incurvarlo.*

4. *Condite le orecchiette con il ragù.*

Questo sugo a Bari è noto anche come il nome di "triplice", a indicare i tre tipi di carne con cui viene preparato. Si utilizza per condire non solo le orecchiette, ma anche i troccoli.

Orecchiette alla barese

INGREDIENTI: 400 g di **orecchiette** fresche, 4 cucchiai di **ricotta forte**, 1 **cipolla**, 500 g di **passata di pomodoro**, **basilico**, **olio extravergine di oliva**, **sale**

Orecchiette alla ricotta forte

TEMPO DI PREPARAZIONE:
45 minuti

DIFFICOLTÀ:
bassa

ABBINAMENTO CONSIGLIATO:
Leverano Rosato di Vecchia Torre (LE)

Affettate a velo la cipolla e ponetela a rosolare dolcemente in un tegame con un filo di olio. Unite la passata di pomodoro, salate, profumate con il basilico, incoperchiate e lasciate cuocere per circa 30 minuti. Nel frattempo, in una capace pentola portate a bollore abbondante acqua salata, lessatevi le orecchiette e scolatele al dente. In una ciotola stemperate la ricotta forte con qualche cucchiaio di acqua di cottura della pasta, amalgamate il composto al sugo e utilizzatelo per condire le orecchiette. Servite subito.

Morbida e cremosa, ma intensamente saporita, la ricotta forte deriva dalla necessità di conservare a lungo la ricotta di pecora.

INGREDIENTI: 350 g di **orecchiette** fresche, 8 fette sottili di **carne** di **cavallo**, 1 ciuffo di **prezzemolo**, 3 spicchi di **aglio**, 60 g di **pancetta** a listarelle, **pecorino** grattugiato, 1 **cipolla**, 1/2 **peperoncino piccante** fresco, 1/2 bicchiere di **vino bianco**, 500 g di **passata di pomodoro**, **olio extravergine di oliva**, sale

Orecchiette con le braciole

Battete le fettine di cavallo con il pestacarne; tritate metà del prezzemolo con 2 spicchi di aglio, quindi farcite ogni fettina con un poco di trito, qualche pezzetto di pancetta e un cucchiaio di pecorino grattugiato. Arrotolate le fettine a formare degli involtini che fermerete con spago da cucina. In una padella ponete a rosolare la cipolla affettata con il rimanente spicchio d'aglio schiacciato, il restante prezzemolo tritato, il peperoncino e un filo di olio. Unite le "braciole" e lasciatele insaporire, quindi sfumate con il vino e fatelo evaporare. Salate, unite la passata di pomodoro e lasciate cuocere per circa un'ora. In una capace pentola portate a bollore abbondante acqua salata, lessatevi le orecchiette e scolatele al dente. Distribuitele nelle fondine individuali, conditele con il sugo e le braciole e servite.

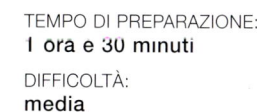

TEMPO DI PREPARAZIONE:
1 ora e 30 minuti

DIFFICOLTÀ:
media

ABBINAMENTO CONSIGLIATO:
Capoposto Puglia Rosso di Alberto Longo (FG)

Un piatto sostanzioso, riservato ai giorni di festa. Le braciole si possono preparare anche con carne di asino.

Primi

INGREDIENTI: 400 g di **orecchiette** fresche, 1,2 kg di **cime di rapa**, 2 spicchi di **aglio**, 1 **peperoncino piccante** fresco, 4 **acciughe** sotto sale, **olio extravergine di oliva**, **sale**

Orecchiette con le cime di rapa

TEMPO DI PREPARAZIONE:
50 minuti

DIFFICOLTÀ:
bassa

ABBINAMENTO CONSIGLIATO:
Salice Salentino Rosato
Le Pozzelle di Candido (BR)

Mondate, lavate e sgocciolate le cime di rapa. In una capace pentola portate a bollore abbondante acqua salata, tuffatevi le orecchiette e le cime di rapa e fate cuocere il tutto al dente. Nel frattempo, in una larga padella ponete a rosolare in un filo di olio l'aglio schiacciato e il peperoncino tritato; unite le acciughe, precedentemente dissalate, e fatele sciogliere nell'olio con una forchetta. Scolate la pasta e le verdure, trasferite il tutto nella padella con l'olio aromatizzato e fate insaporire per pochi minuti su fuoco vivace. Completate con un filo di olio e servite.

Il nome orecchiette abbraccia diverse specialità che, pur simili tra di loro, differiscono nel nome e nel formato: le più note sono forse le recchietedde baresi, mentre a Taranto si preparano le chianchiarielle, più grandi, e a Brindisi i cicatielli, più lunghi e stretti.

INGREDIENTI: 350 g di **spaghetti**, 1 kg di **cozze**, 1 spicchio di **aglio**, 1 ciuffo di **prezzemolo**, 200 g di **pomodori pelati**, **olio extravergine di oliva**, **sale**, **pepe**

Spaghetti con le cozze

Spazzolate e lavate le cozze, raccoglietele in una casseruola, incoperchiate e portate su fuoco vivace per farle aprire; scartate quelle che rimarranno chiuse ed eliminate i mezzi gusci vuoti. In una padella ponete a rosolare l'aglio tritato con il prezzemolo, unite le cozze e i pomodori schiacciati con una forchetta, salate, pepate e lasciate cuocere per circa 15 minuti. In una capace pentola portate a bollore abbondante acqua salata, lessatevi gli spaghetti e scolateli al dente. Conditeli con il sugo di cozze, profumate a piacere con altro prezzemolo tritato e servite.

In alcune versioni, il sugo viene preparato unendo le cozze crude direttamente al soffritto: in questo caso ogni commensale dovrà scartare quelle rimaste chiuse.

TEMPO DI PREPARAZIONE:
30 minuti

DIFFICOLTÀ:
bassa

ABBINAMENTO CONSIGLIATO:
Brindisi Rosato Aurora di Botrugno (BR)

INGREDIENTI: 200 g di **riso**, 400 g di **cozze**, 400 g di **patate**, 200 g di **cipolle**, 400 g di **pomodori**, 1 ciuffo di **prezzemolo**, 2 spicchi di **aglio**, **pecorino** grattugiato, **olio extravergine di oliva**, **sale**, pepe

Tiella di riso, cozze e patate

Spazzolate e lavate le cozze, raccoglietele in una casseruola, incoperchiate e portate su fuoco vivace per farle aprire; scartate quelle che rimarranno chiuse ed eliminate i mezzi gusci rimasti vuoti. Mondate e affettate le cipolle; pelate e tagliate a fette le patate; lavate e riducete a pezzi i pomodori; tritate finemente il prezzemolo con l'aglio. In una teglia da forno rotonda o in un tegame adatto alla cottura al forno disponete in uno strato le cipolle affettate, cospargetele con una presa di trito di aglio e prezzemolo, salate e irrorate con un filo di olio. Proseguite con uno strato di fette di patata, tenendone da parte qualcuna, quindi disponete nella teglia le cozze nel guscio, cospargete di pecorino, salate, pepate, profumate con il rimanente trito aromatico e condite con un filo di olio. Coprite il tutto con il riso, completate con le fette di patate tenute da parte, un pizzico di sale, uno di pepe e poco olio. Coprite a filo di acqua e cuocete la tiella in forno già caldo a 180 °C per circa 30 minuti. Sfornate e servite la tiella calda.

TEMPO DI PREPARAZIONE:
1 ora e 15 minuti
DIFFICOLTÀ:
media

ABBINAMENTO CONSIGLIATO:
Nero di Troia
Podere Sant'Andrea
di Cantine Paradiso (FG)

Il termine "tiella" o "tiedda" indica semplicemente il tegame nel quale si cuociono, secondo la tradizione, ingredienti diversi, disposti a strati, a freddo.

INGREDIENTI: 2 kg di **pesce misto** per zuppa (scorfano, sarago, cernia, cozze, vongole, seppie, totani), 1 gambo di **sedano**, 1 **cipolla**, 1 ciuffo di **prezzemolo**, 500 g di **pomodori**, 8 fette di **pane**, 1 spicchio di **aglio**, **olio extravergine di oliva**, **sale**, **pepe**

Zuppa di pesce

Mondate, lavate e tagliate a pezzi tutti i pesci e i molluschi. Fate aprire a caldo cozze e vongole. Tritate il sedano con la cipolla e il prezzemolo, ponete il tutto a rosolare in una pentola, possibilmente di coccio, con mezzo bicchiere di olio. Unite i pomodori pelati e grossolanamente tritati, aggiungete le seppie e i totani, salate, incoperchiate e lasciate cuocere per 10 minuti. Unite il rimanente pesce, pepate, regolate di sale, rimettete il coperchio e proseguite la cottura per circa mezz'ora. Tostate in forno le fette di pane, strofinatele con lo spicchio di aglio e distribuitele nelle scodelle individuali. Ricopritele con la zuppa e servite.

Sono tante le zuppe di pesce preparate nella regione: tra le più note, quella alla gallipolina, arricchita dal profumo intenso dell'aceto.

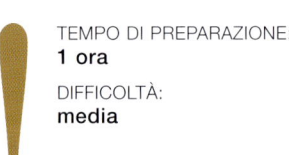

TEMPO DI PREPARAZIONE:
1 ora
DIFFICOLTÀ:
media

ABBINAMENTO CONSIGLIATO:
Salento Rosato Cantalupi di Conti Zecca (LE)

INGREDIENTI: 800 g di **alici**, 200 g di **pangrattato**, 1 spicchio di **aglio**, 12 foglie di **menta**, 1 cucchiaio di **capperi** sotto sale, **origano**, **aceto**, **olio extravergine di oliva**, sale

Alici arraganate

Mondate le alici, apritele a libro, diliscatele, evisceratele, lavatele e asciugatele. Tritate l'aglio con la menta, i capperi dissalati e l'origano, quindi mescolate il trito al pangrattato. Disponete le alici a strati in un tegame, preferibilmente di coccio, cospargendo ogni strato con una parte di pane aromatico e salandolo. Irrorate il tutto con uno spruzzo di aceto e con abbondante olio extravergine di oliva. Cuocete in forno già caldo a 180 °C per circa 20 minuti. Sfornate e servite.

TEMPO DI PREPARAZIONE:
45 minuti

DIFFICOLTÀ:
media

ABBINAMENTO CONSIGLIATO:
Salice Salentino
Bianco Portafalsa
di Candido (BR)

In Puglia non solo le alici, ma anche le cozze, le sarde e persino le patate possono essere "arraganate", ossia «condite» con pangrattato.

INGREDIENTI: 1,2 kg di **spezzatino** di **agnello**, 1 **cipolla**,
1 ciuffo di **prezzemolo**, 400 g di **pomodori**,
1 kg di **cicoria** selvatica, 120 g di **pecorino** grattugiato,
olio extravergine di oliva, **sale**, **pepe**

Agnello a cutturiedde

In una casseruola ponete a freddo la cipolla affettata a velo, il prezzemolo tritato, i pomodori ridotti in dadolata, l'agnello e un filo di olio. Coprite il tutto di acqua, portate su fuoco moderato, incoperchiate e fate prendere il bollore. Lasciate sobbollire per circa mezz'ora, quindi unite la cicoria, accuratamente mondata e lavata, e il pecorino. Lasciate cuocere per un'altra ora, sempre a fuoco dolce e a tegame coperto. Servite l'agnello ben caldo.

TEMPO DI PREPARAZIONE:
2 ore

DIFFICOLTÀ:
bassa

ABBINAMENTO CONSIGLIATO:
Vigna Lobia Salento Rosso di Botrugno (BR)

Piatto povero, legato alla tradizione pastorale, si prepara, con alcune varianti, non solo in Puglia, ma anche nella confinante Basilicata.

INGREDIENTI: 1 kg di **cozze**, 1 ciuffo di **prezzemolo**, 3 spicchi di **aglio**, 2 **uova**, 50 g di **pecorino** grattugiato, **pangrattato**, 400 g di **pomodori** maturi, **olio extravergine di oliva**, **sale**, pepe

Cozze ripiene

Spazzolate e lavate le cozze, raccoglietele in una casseruola, incoperchiate e portate su fuoco vivace per farle aprire; scartate quelle che rimarranno chiuse. Tritate il prezzemolo con 2 spicchi di aglio, ponete il trito in una ciotola e amalgamatelo con le uova sbattute, il pecorino e tanto pangrattato quanto ne occorre per ottenere una farcia densa. Distribuite il ripieno nelle cozze, richiudendo le due valve e fermandole con spago da cucina. In una casseruola ponete a rosolare il rimanente aglio tritato con un filo di olio; unite i pomodori grossolanamente tritati e fateli insaporire, salate, pepate e aggiungete le cozze. Incoperchiate e lasciate cuocere per circa 20 minuti. Servitele calde.

Le cozze ripiene, preparate in molte varianti in zone diverse della regione, vengono spesso servite anche come antipasto.

TEMPO DI PREPARAZIONE:
45 minuti

DIFFICOLTÀ:
bassa

ABBINAMENTO CONSIGLIATO:
Bianco del Salento
di Cantina Santa Barbara (BR)

INGREDIENTI: 6 **uova**, 10 foglie di **menta**, 150 g di **pangrattato**, 100 g di **pecorino** grattugiato, **olio extravergine di oliva**, **sale**, **pepe**

Frittata alla menta

Sgusciate le uova in una ciotola, salate, pepate, unite il pangrattato, il pecorino la menta spezzettata. Amalgamate il composto, sbattendo con una forchetta, quindi versatelo in una padella con un filo di olio ben caldo. Quando la frittata si sarà rappresa su un lato, giratela e lasciatela cuocere anche dall'altra parte. Servite.

TEMPO DI PREPARAZIONE:
15 minuti

DIFFICOLTÀ:
bassa

ABBINAMENTO CONSIGLIATO:
Salento Bianco Fiano di Conti Zecca (LE)

Una diffusa variante prevede di lavorare i tuorli con gli altri ingredienti e, in seguito, di incorporare gli albumi montati a neve: si ottiene così una frittata più soffice.

INGREDIENTI: 600 g di **lampascioni**, 4 **uova**, **prezzemolo**, 4 **pomodori** maturi, **olio extravergine di oliva**, **sale**, **pepe**

Lampascioni con le uova

TEMPO DI PREPARAZIONE:
50 minuti

DIFFICOLTÀ:
bassa

ABBINAMENTO CONSIGLIATO:
Chardonnay di Puglia di Cantine Paradiso (FG)

Mondate i lampascioni privandoli delle foglie più esterne, lavateli e tagliateli a fettine spesse. Lessateli per 10 minuti in abbondante acqua inizialmente fredda, quindi scolateli e tuffateli in una pentola con acqua bollente salata. Scolateli dopo 10 minuti e poneteli a rosolare in un tegame con 4 cucchiai di olio caldo, aromatizzato con il prezzemolo tritato. Dopo circa 5 minuti, unite i pomodori tagliati a pezzi.
Salate e lasciate cuocere per circa 15 minuti, quindi aggiungete le uova leggermente sbattute e salate. Lasciatele rapprendere, mescolando con una forchetta. Servite ben caldo.

Un piatto semplicissimo, preparato in molte varianti: i pomodori possono essere eliminati, il prezzemolo sostituito con altri aromi, la cottura, infine, può essere terminata in forno, perché le uova formino una leggera crosticina dorata.

INGREDIENTI: 1 **orata** da ca. 1 kg, 6 **patate**, 3 spicchi di **aglio**, 1 ciuffo di **prezzemolo**, 60 g di **pecorino** grattugiato, **olio extravergine di oliva**, **sale**, **pepe**

Orata alla pugliese

Mondate, squamate ed eviscerate l'orata, quindi lavatela e asciugatela. Pelate e tagliate a rondelle le patate, quindi scottatele brevemente in acqua bollente salata e sgocciolatele. Tritate l'aglio con il prezzemolo e distribuite parte del trito ottenuto sul fondo di una teglia da forno unta di olio; sopra formate un letto con metà delle patate, cospargetelo di pecorino grattugiato e adagiatevi il pesce.
Spolverizzatelo di pecorino, ricopritelo con le rimanenti patate e completate con il restante trito. Salate, pepate, irrorate il tutto con un filo abbondante di olio e cuocete in forno già caldo a 180 °C per circa 45 minuti. Sfornate e servite.

TEMPO DI PREPARAZIONE:
1 ora e 10 minuti

DIFFICOLTÀ:
media

ABBINAMENTO CONSIGLIATO:
Cantamessa Bianco del Salento di Cantina Santa Barbara (BR)

"U pèssce pecenùnne fernèsce m-mocche o ttunne", recita un detto pugliese: «Il pesce piccolo finisce in bocca al tonno».

INGREDIENTI: 1 kg di **cozze**, 100 g di **pomodorini ciliegia**, 3 spicchi di **aglio**, **olio extravergine di oliva**, **sale**, **pepe in grani**

Pepata di cozze

Spazzolate e lavate accuratamente le cozze. In una grande casseruola ponete a rosolare gli spicchi di aglio sbucciati con mezzo bicchiere di olio. Quando sarà imbiondito, unite i pomodori e, subito dopo, le cozze. Lasciate cuocere a fuoco molto vivace per circa 5 minuti, o fino a che le cozze non si saranno aperte. Profumate generosamente di pepe appena macinato e servite.

Questo piatto si prepara anche in altre regioni del Sud, ma la ricetta tradizionale pugliese si distingue per la presenza dei pomodori.

TEMPO DI PREPARAZIONE:
15 minuti

DIFFICOLTÀ:
bassa

ABBINAMENTO CONSIGLIATO:
Chardonnay di Puglia La Pietraia di Cefalicchio (BA)

INGREDIENTI: 800 g di **muscolo** di **cavallo**, 300 g di **passata di pomodoro**, 1 **peperoncino**, 2 foglie di **alloro**, 1 rametto di **rosmarino**, 1 rametto di **salvia**, 1 ciuffo di **prezzemolo**, olio extravergine di oliva, sale, pepe in grani

Pezzetti di cavallo in pignata

Tagliate la carne a pezzi e ponetela a freddo in un tegame di terracotta con la passata di pomodoro, gli aromi, un bicchiere di acqua, sale e qualche grano di pepe.
Portate la "pignata" su fuoco basso e lasciate cuocere a fuoco dolce per almeno 2 ore a partire dal momento dell'ebollizione: la carne dovrà risultare tenera e il sugo ben addensato. Servite i pezzetti ben caldi.

Nella tipica pignatta di coccio smaltato si possono cuocere, secondo questa stessa ricetta, anche le carni di agnello.

TEMPO DI PREPARAZIONE:
3 ore

DIFFICOLTÀ:
bassa

ABBINAMENTO CONSIGLIATO:
Rosso Canosa Riserva Romanico di Cefalicchio (BA)

INGREDIENTI: 4 **uova**, 200 g di **pangrattato**, 200 g di **pecorino** grattugiato, 2 spicchi di **aglio**, 1 ciuffo di **prezzemolo**, **olio di oliva**, **sale**, **pepe**

Polpette di uova

In una ciotola amalgamate il pangrattato con il pecorino, l'aglio, il prezzemolo tritato e regolate di sale e pepe. Unite le uova leggermente sbattute e mescolate in modo da ottenere un impasto morbido. Con le mani inumidite formate con il composto tante polpette delle dimensioni di una noce. Friggetele in abbondante olio caldo, scolatele non appena saranno dorate e trasferitele su carta assorbente da cucina perché perdano l'unto in eccesso. Servite le polpette calde.

Un secondo povero ma saporito. Originariamente le polpette venivano fritte nello strutto: in questo modo il piatto si arricchiva di un gusto che faceva dimenticare la mancanza della carne.

TEMPO DI PREPARAZIONE:
20 minuti

DIFFICOLTÀ:
bassa

ABBINAMENTO CONSIGLIATO:
Rosso del Salento Scaliere di Rosa del Golfo (LE)

INGREDIENTI: 1,2 kg di **polpi**, 2 spicchi di **aglio**, 1 **peperoncino piccante** fresco, 1 bicchiere di **vino bianco** secco, 300 g di **pomodori** maturi, 1 ciuffo di **prezzemolo**, **olio extravergine di oliva**, **sale**, **pane pugliese**

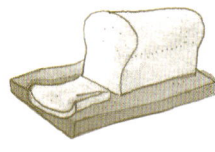

Polpo in pignata

Battete i polpi con il pestacarne, mondateli, privandoli degli occhi e del becco, eviscerateli e lavateli accuratamente, quindi tagliate a rondelle i tentacoli e a listarelle le sacche. Tritate l'aglio con il peperoncino, ponete il trito in un tegame di coccio insieme con i polpi e un filo di olio. Fate rosolare il tutto, mescolando, bagnate con il vino e lasciatelo evaporare, quindi unite i pomodori ridotti in dadolata e il prezzemolo tritato. Salate, incoperchiate e lasciate cuocere lentamente per circa un'ora e 30 minuti, o fino a che il polpo non sarà tenero. Servite accompagnando a piacere con fette di pane pugliese tostate.

TEMPO DI PREPARAZIONE:
2 ore

DIFFICOLTÀ:
media

ABBINAMENTO CONSIGLIATO:
Rosato del Salento
Rosa del Golfo
di Rosa del Golfo (LE)

Per una riuscita perfetta di questa antica e semplicissima ricetta salentina è di rigore l'utilizzo della pignata, la pentola di coccio.

INGREDIENTI: 200 g di **carne** di **agnello** macinata, 150 g di **carne** di **cavallo** macinata, 180 g di **mollica** di **pane** raffermo, 1 bicchiere di **latte**, 60 g di **pecorino** grattugiato, 2 spicchi di **aglio**, 1 **uovo**, **farina**, 1/2 **cipolla**, 200 g di **passata di pomodoro**, olio di oliva, sale, pepe

Pulpitt

In una ciotola amalgamate la carne di agnello e di cavallo con la mollica, ammorbidita nel latte e strizzata, il pecorino grattugiato, l'aglio tritato, l'uovo, un pizzico di sale e uno di pepe. Preparate con il composto tante polpette della dimensione di una noce, infarinatele leggermente e friggetele in abbondante olio caldo. Scolatele non appena saranno dorate e trasferitele su carta assorbente da cucina perché perdano l'unto in eccesso. Tritate la cipolla e ponetela a rosolare in un tegame; unite la passata di pomodoro, salate, pepate e, non appena il sugo prenderà il bollore, aggiungete le polpette. Lasciate cuocere per 10 minuti, stemperando il sugo con acqua calda se necessario. Servite le polpette calde.

Le polpette così preparate possono essere utilizzate anche per condire la pasta; inoltre, è diffusa l'abitudine di scaldare le polpette fritte, invece che nel sugo, nel brodo di carne.

TEMPO DI PREPARAZIONE:
45 minuti

DIFFICOLTÀ:
bassa

ABBINAMENTO CONSIGLIATO:
Rosso del Salento Marmorelle di Tenute Rubino (BR)

INGREDIENTI: 1 kg di **sarde**, 1 ciuffo di **prezzemolo**, 150 g di **pangrattato**, 100 g di **pecorino** grattugiato, 2 **uova**, **olio extravergine di oliva**, **sale**, pepe

Sarde in tortiera

Mondate le sarde, privandole della testa e della coda, evisceratele e apritele a libro, lavatele e asciugatele. Tritate il prezzemolo e mescolatelo, in una ciotola, con il pangrattato, il pecorino grattugiato, un pizzico di sale e uno di pepe. A parte, sbattete le uova con poco sale. Disponete in un solo strato metà delle sarde in una tortiera unta di olio, cospargetele con metà del trito aromatico, proseguite con le rimanenti sarde e completate con il restante trito. Irrorate con un filo di olio, ricoprite il tutto con le uova sbattute e cuocete in forno già caldo a 180 °C per 30 minuti, o fino a che le uova non saranno rapprese e la preparazione non sarà coperta da una crosticina dorata. Sfornate e servite subito.

TEMPO DI PREPARAZIONE:
1 ora

DIFFICOLTÀ:
media

ABBINAMENTO CONSIGLIATO:
Chardonnay di Puglia Claire di Torre Quarto (FG)

Le sarde sono molto diffuse nella cucina pugliese: oltre che in tortiera, si preparano tradizionalmente "in cotoletta", sfilettate, impanate e fritte.

INGREDIENTI: 4 **sogliole**, 2 spicchi di **aglio**, 1 ciuffo di **prezzemolo**, 200 g di **pangrattato**, 100 g di **pecorino** grattugiato, **olio extravergine di oliva**, **sale**, **pepe**

Sogliola gratinata

Mondate e spellate le sogliole, lavatele e disponetele su una teglia da forno unta d'olio; salatele e pepatele. Tritate l'aglio con il prezzemolo e distribuite il trito sulla superficie delle sogliole. Mescolate il pangrattato con il pecorino e cospargete i pesci con questo trito. Irrorate i pesci con un filo di olio e cuoceteli in forno già caldo a 200 °C per circa 15 minuti.

Il pesce, di cui il mare di Puglia è ricco, si cucina sulle coste secondo tante ricette diverse, tutte accomunate da una grande semplicità.

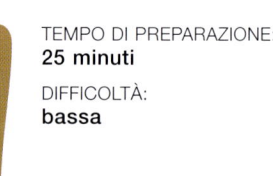

TEMPO DI PREPARAZIONE:
25 minuti

DIFFICOLTÀ:
bassa

ABBINAMENTO CONSIGLIATO:
Bianco del Salento Marmorelle di Tenute Rubino (BR)

INGREDIENTI: 300 g di **zucchine**, 400 g di **pomodori**, 300 g di **melanzane**, 2 **cipolle**, 400 g di **patate**, 2 **peperoni gialli**, 16 **cozze**, 2 spicchi di **aglio**, 1 ciuffo di **prezzemolo**, **pecorino** grattugiato, **olio extravergine di oliva**, **sale**, **pepe**

Tiella di verdura con le cozze

Mondate, lavate e affettate tutte le verdure, sbucciate e tagliate a dadi le patate, riducete a falde i peperoni.
Spazzolate e lavate le cozze, raccoglietele in una casseruola, incoperchiate e portate su fuoco vivace per farle aprire; scartate quelle che rimarranno chiuse ed eliminate i mezzi gusci vuoti. Tenete da parte l'acqua delle cozze, filtrata. Tritate l'aglio con il prezzemolo. In una teglia da forno disponete le verdure in strati alternati con il trito di prezzemolo e aglio. Salate leggermente ogni strato, terminate con le cozze nei loro mezzi gusci, irrorate il tutto con un filo di olio e cospargete con 3 cucchiai di pecorino. Bagnate con l'acqua delle cozze e unite tanta acqua quanta ne occorre a coprire tutti gli ingredienti. Cuocete la tiella in forno a 180 °C per circa un'ora. Sfornate e servite.

La tiella di verdura si può arricchire con altri ortaggi, mozzarella e frutti di mare di vario tipo.

TEMPO DI PREPARAZIONE:
1 ora e 30 minuti
DIFFICOLTÀ:
bassa

ABBINAMENTO CONSIGLIATO:
Falanghina di Puglia Nina di Torre Quarto (FG)

INGREDIENTI: 200 g di **fave bianche** secche, 500 g di **cicoria di campo**, 1 foglia di **alloro**, 2 fette di **pane pugliese**, **olio extravergine di oliva**, **sale**, **pepe** in grani

Cicuredde cu llè fae'nette

Fave e cicorie

Lavate le fave e ponetele in ammollo in acqua fredda per un giorno intero.

Scolatele, tresferitele in un tegame, copritele d'acqua, unite la foglia di alloro, incoperchiate e lessate le fave per circa un'ora e mezza, o fino a che non inizieranno a disfarsi. Salate e mescolate con un cucchiaio di legno fino a ottenere una densa purea di legumi. Togliete dal fuoco e condite con 3 cucchiai di olio. Mentre le fave cuociono, mondate e spuntate la cicoria, lavatela accuratamente, spezzettate i gambi e lessateli in poca acqua salata, tenendo da parte le cime. Riducete il pane a dadini e friggetelo in padella con poco olio caldo. In ogni piatto disponete una parte di purea e una di gambi di cicoria, conditi con un filo di olio; completate con i dadini di pane e con le punte di cicoria crude, profumate a piacere con pepe appena macinato, e servite.

Con o senza dadi di pane, con o senza cimette crude, profumata con solo alloro o con altri aromi: una preparazione semplicissima che viene realizzata in tante varianti quante sono le tradizioni locali.

TEMPO DI PREPARAZIONE:
**1 ora e 40 minuti
+ 24 ore di riposo**

DIFFICOLTÀ:
bassa

ABBINAMENTO CONSIGLIATO:
Leverano Rosso Riserva di Vecchia Torre (LE)

INGREDIENTI: 500 g di **lampascioni**, 500 g di **patate**, olio extravergine di oliva, sale, pepe

Lampascioni al forno

Mondate i lampascioni, privandoli delle foglie esterne, lavateli e poneteli a bagno per circa 6 ore in acqua fredda, rinnovando l'acqua di tanto in tanto. Sgocciolate e asciugate i lampascioni, quindi incideteli alla base con un taglio a croce e disponeteli in una teglia da forno unta di olio. Pelate e tagliate a rondelle le patate, disponetele nella teglia insieme con i lampascioni e condite il tutto con sale, pepe e olio. Cuocete in forno già caldo a 180 °C per circa un'ora, sfornate e servite le verdure calde.

I lampascioni, bulbi simili a piccole cipolle, si possono gustare anche bolliti o cotti sotto la brace, e vengono frequentemente conservati sott'olio.

TEMPO DI PREPARAZIONE:
**1 ora e 15 minuti
+ 6 ore di riposo**
DIFFICOLTÀ:
bassa

ABBINAMENTO CONSIGLIATO:
Martina
di Vinicola Resta (LE)

INGREDIENTI: 4 **melanzane**, 1 ciuffo di **basilico**, 1 rametto di **menta**, 50 g di **capperi** sotto sale, 50 g di **olive nere** snocciolate, **pecorino** grattugiato, **olio extravergine di oliva**, **sale**, pepe

Melanzane alla tarantina

Mondate e lavate le melanzane, quindi tagliatele a metà nel senso della lunghezza e lasciatele a bagno in acqua salata per circa mezz'ora.
Nel frattempo, tritate le foglioline di basilico insieme con quelle di menta, dissalate i capperi e sminuzzateli insieme con le olive. Raccogliete il tutto in una ciotola, unite 2 cucchiai di pecorino grattugiato, salate, pepate e amalgamate il composto.
Sgocciolate e asciugate le melanzane. Con un coltellino affilato praticate sulla polpa delle melanzane tanti tagli perpendicolari tra di loro, in modo da tracciare una sorta di reticolato. Inserite nei tagli il composto aromatico, quindi irrorate di olio le melanzane e cuocetele sulla griglia ben calda. Servitele ben calde.

Dice un proverbio: "Ce ricche te uè fà va n-gambbàgne e mmìttete ad arà", «Se ricco ti vuoi fare, va' in campagna e mettiti ad arare».

TEMPO DI PREPARAZIONE:
1 ora
DIFFICOLTÀ:
bassa
ABBINAMENTO CONSIGLIATO:
Gelso Moro
Rosato del Salento
di Vinicola Resta (LE)

INGREDIENTI: 1 kg di **melanzane**, 1 l di **aceto**, 3 spicchi di **aglio**, 1 **peperoncino piccante**, **olio extravergine di oliva**, **sale**

Melanzane sott'olio

Mondate le melanzane, affettatele e disponetele a strati in una ciotola, possibilmente di coccio, cospargendo ogni strato con abbondante sale. Copritele con un piatto sormontato da un peso e lasciatele spurgare per almeno 3 ore, quindi strizzatele e premetele tra 2 canovacci, in modo da far uscire completamente l'acqua di vegetazione. In una pentola portate a ebollizione un litro di acqua e l'aceto, unite le melanzane, lasciatele bollire per circa 5 minuti, quindi scolatele, strizzatele nuovamente e asciugatele perfettamente, premendole con un canovaccio. Affettate l'aglio e il peperoncino.
Distribuite le melanzane nei vasi di vetro precedentemente lavati e sterilizzati, alternando strati di melanzane a strati di aromi. A mano a mano che procedete, versate nei vasi olio extravergine di oliva in quantità tale da ricoprire completamente tutti gli ingredienti, in modo che non si formino bolle d'aria. Chiudete ermeticamente i vasi e lasciate riposare la conserva per circa 2 settimane prima di servire.

TEMPO DI PREPARAZIONE:
1 ora + 3 ore di riposo
+ 15 giorni di maturazione

DIFFICOLTÀ:
alta

ABBINAMENTO CONSIGLIATO:
Galatina Bianco
di Valle dell'Asso (LE)

Così preparate, le melanzane si conservano per lungo tempo: si possono servire come contorno ai piatti di carne o come antipasto.

INGREDIENTI: 600 g di **patate**, 1 spicchio di **aglio**, 1 **peperoncino piccante** fresco, 1 ciuffo di **prezzemolo**, 1 ciuffo di **basilico, olio extravergine di oliva, sale**

Patate sfritte

Lessate le patate con la buccia in acqua salata inizialmente fredda, scolatele e sbucciatele ancora calde. In una larga padella ponete a rosolare con un filo abbondante di olio l'aglio schiacciato e il peperoncino aperto a metà per il lungo. Eliminate gli aromi e ponete nella padella le patate. Schiacciatele con una forchetta perché si riducano in purea e assorbano completamente il condimento. Regolate di sale, profumate con prezzemolo e basilico tritati, mescolate e servite.

Le patate sfritte si preparano in molte varianti non solo in Puglia, ma anche in altre regioni del Sud, dalla Basilicata all'Abruzzo.

TEMPO DI PREPARAZIONE:
1 ora
DIFFICOLTÀ:
bassa

ABBINAMENTO CONSIGLIATO:
Galatina Rosato di Valle dell'Asso (LE)

INGREDIENTI: 5 **peperoni gialli**, 1 spicchio di **aglio**, 5 **pomodori** maturi, 80 g di **olive nere** snocciolate, 180 g di **pangrattato**, 1 cucchiaio di **capperi** sotto sale, 1 ciuffo di **prezzemolo**, **olio extravergine di oliva**, **sale**

Peperoni gialli ripieni

Mondate e lavate i peperoni, riducetene uno a listarelle e tagliate i rimanenti a metà nel senso della lunghezza. In una padella ponete a rosolare l'aglio schiacciato con un filo di olio, unite le listarelle di peperone e lasciatele insaporire, quindi aggiungete i pomodori privati dei semi e ridotti in dadolata. Lasciate cuocere per circa 15 minuti, quindi unite le olive sminuzzate, il pangrattato, i capperi dissalati e il prezzemolo tritato. Regolate di sale e lasciate cuocere per altri 10 minuti. Farcite i peperoni con il ripieno preparato, disponeteli in una teglia unta d'olio, irrorateli con poco olio e cuoceteli in forno già caldo a 180 °C per circa 30 minuti. Sfornate e servite i peperoni caldi.

In Puglia si dice: "St'uìne vène ra l'uort', pùfft 'nguorp' e pùfft 'nguorp'", «Questo vino viene dall'orto, subito in corpo subito in corpo».

TEMPO DI PREPARAZIONE:
1 ora e 15 minuti
DIFFICOLTÀ:
bassa

ABBINAMENTO CONSIGLIATO:
Puglia Bombino
Bianco Sciurentino
di Terre Federiciane (FG)

INGREDIENTI: 500 g di **peperoni verdi** a cornetto, 200 g di **mollica** di **pane**, 1 bicchiere di **latte**, **pecorino** grattugiato, 1 ciuffo di **prezzemolo**, **olio extravergine di oliva**, **sale**, **pepe**

Peperoni verdi ripieni

TEMPO DI PREPARAZIONE:
1 ora

DIFFICOLTÀ:
bassa

ABBINAMENTO CONSIGLIATO:
Salento Rosato Calafuria di Tormaresca (BR)

Mondate i peperoni, staccando l'estremità con il picciolo, che terrete da parte, e privandoli dei semi, quindi lavateli.

In una ciotola amalgamate il pane, precedentemente ammorbidito nel latte e strizzato, 5 cucchiai di pecorino grattugiato e il prezzemolo tritato; salate, pepate, mescolate e utilizzate il composto per farcire i peperoni. Richiudete i peperoni con le sommità tenute da parte, disponeteli in una teglia foderata di carta da forno e conditeli con un filo di olio. Cuoceteli in forno già caldo a 200 °C per circa 20 minuti. Sfornate e servite.

La farcia per questi peperoni può essere arricchita con olive nere sminuzzate, fettine di peperoncino, aglio o basilico.

INGREDIENTI: 500 g di **pomodori secchi**, 1 l di **aceto**, 1 foglia di **alloro**, 3 spicchi di **aglio**, 1 **peperoncino piccante**, **origano** fresco, 1 rametto di **menta**, olio extravergine di oliva

Pimmaduari siccati sutt'uagliu

Pomodori secchi sott'olio

Lavate e sgocciolate i pomodori secchi. In una pentola portate a ebollizione un litro di acqua con l'aceto e la foglia di alloro, unite i pomodori e lasciateli bollire per 5 minuti, quindi scolateli e allargateli su un canovaccio pulito. Copriteli con un secondo canovaccio e lasciateli riposare per circa 12 ore, o fino a che non saranno perfettamente asciutti. Affettate l'aglio e il peperoncino, lavate e asciugate con cura le foglioline di origano e menta. Distribuite i pomodori nei vasi di vetro precedentemente lavati e sterilizzati, alternando strati di pomodori a strati di aromi. Versate nei vasi olio extravergine di oliva in quantità tale da ricoprire completamente tutti gli ingredienti. Chiudete ermeticamente i vasi e lasciate riposare la conserva per circa 2 settimane prima di servire.

TEMPO DI PREPARAZIONE:
30 minuti + 12 ore di riposo
+ 15 giorni di maturazione
DIFFICOLTÀ:
bassa

ABBINAMENTO CONSIGLIATO:
per questa ricetta non è previsto alcun abbinamento.

In Puglia i pomodori perini maturi vengono tagliati a metà, coperti di sale e lasciati asciugare al sole, disposti su graticci, fino a che non sono completamente essiccati.

Contorni

INGREDIENTI: 500 g di **fave secche** decorticate, 1 **patata**, 1 **cipolla**, 1 gambo di **sedano**, 1 **pomodoro**, 1 spicchio di **aglio**, **olio extravergine di oliva**, **sale**

Purè di fave

Mettete a bagno le fave secche in acqua leggermente salata per una notte.

Sgocciolatele, sciacquatele sotto acqua corrente e trasferitele in una pentola, preferibilmente di coccio insieme con la patata sbucciata e affettata, la cipolla a rondelle, il sedano e il pomodoro a tocchetti, l'aglio, poca acqua e un pizzico di sale. Lasciate cuocere per 45 minuti a fuoco vivace, schiumando di tanto in tanto, mescolando spesso con un cucchiaio di legno e aggiungendo acqua bollente a mano a mano che il liquido di cottura si consumerà. Riducete la fiamma e lasciate cuocere mescolando fino a che le fave non si disferanno, trasformandosi in un morbido in purè: occorreranno circa 30 minuti. Regolate di sale, condite con un filo di olio e servite.

Tra le fave più apprezzate in Puglia, quelle di Carpino, in provincia di Foggia, si riconoscono perché piccole e molto saporite.

TEMPO DI PREPARAZIONE:
1 ora e 30 minuti + 3 ore di riposo
DIFFICOLTÀ:
bassa

ABBINAMENTO CONSIGLIATO:
Puglia Chardonnay di Tormaresca (BR)

INGREDIENTI: 800 g di **cime** di **rapa**, 2 spicchi di **aglio**, 1 peperoncino piccante fresco, **aceto**, olio extravergine di oliva, sale

Rape 'nfucate
Cime di rapa affogate

Mondate e lavate le cime di rapa. In un capace tegame ponete a soffriggere l'aglio sbucciato con mezzo bicchiere di olio; eliminate l'aglio e unite le cime di rapa, lasciatele cuocere a fuoco vivace, mescolando spesso, fino a che non saranno appassite: occorreranno circa 15 minuti. Aggiungete il peperoncino, salate, bagnate con 5 cucchiai di aceto e lasciatelo evaporare. Abbassate la fiamma, incoperchiate e lasciate cuocere per altri 15 minuti. Servite subito.

TEMPO DI PREPARAZIONE:
40 minuti

DIFFICOLTÀ:
bassa

ABBINAMENTO CONSIGLIATO:
Salento Bianco Felicità
di Tenute Al Bano Carrisi (BR)

In alcune varianti, le cime di rapa vengono sbollentate prima di essere passate in padella: si ottiene così un contorno più delicato e dolce.

INGREDIENTI PER 6 PERSONE: 500 g di **patate**, **pecorino** grattugiato, **farina**, 2 **uova**, olio per friggere, **sale**, **pepe**

Frittelle di patate alla tarantina

Semplici e gustose, queste frittelle si possono servire tanto come contorno quanto come antipasto o stuzzichino.

Sbucciate le patate, quindi grattugiatele, raccogliendo il ricavato in una ciotola. Unite 3 cucchiai di pecorino, uno di farina, le uova, un pizzico di sale e uno di pepe. Amalgamate il composto e versatelo a cucchiaiate in una padella con abbondante olio ben caldo. Cuocete le frittelle poche alla volta, sgocciolatele con il mestolo forato non appena saranno dorate, passatele su carta assorbente da cucina perché perdano l'unto in eccesso e servitele caldissime.

TEMPO DI PREPARAZIONE:
45 minuti

DIFFICOLTÀ:
media

ABBINAMENTO CONSIGLIATO:
Salento Campo di Mare di Duca Carlo Guarini (LE)

INGREDIENTI: 8 **zucchine**, 1 spicchio di **aglio**, 1 rametto di **menta**, **aceto**, olio per friggere, sale

Zucchine alla poveretta

Lavate le zucchine, tagliatele a rondelle e allargatele su un canovaccio; lasciatele asciugare per almeno 3 ore, preferibilmente esponendole al sole, quindi friggetele in una padella con abbondante olio caldo.
Sgocciolatele, trasferitele su carta assorbente da cucina perché perdano l'unto in eccesso, quindi disponetele in un largo piatto. Conditele con l'aglio tritato, le foglioline di menta spezzettate, un pizzico di sale e abbondante aceto.

TEMPO DI PREPARAZIONE:
30 minuti + 3 ore di riposo

DIFFICOLTÀ:
bassa

ABBINAMENTO CONSIGLIATO:
Salento Bianco Le Vigne Rare di Pirro Varona (TA)

Molto apprezzate nella gastronomia pugliese, le zucchine sono protagoniste di molti piatti, oltre che di saporite conserve sott'olio.

Contorni 105

INGREDIENTI PER 6 PERSONE: 400 g di **farina**, 100 g di **semola** di **grano duro** rimacinata, 2 dl di **vino bianco** secco, **zucchero**, 5 dl di **vino cotto**, 50 g di **mandorle** pelate, **cannella** in polvere, **chiodi** di **garofano** in polvere, **olio extravergine di oliva**, **olio di oliva**, **sale**

Carteddate

Setacciate la farina insieme con la semola e disponete il tutto a fontana sulla spianatoia. Al centro raccogliete il vino bianco secco, un cucchiaio di zucchero, 4 cucchiai di olio extravergine di oliva e un pizzico di sale.

Lavorate l'impasto finché risulterà uniforme ed elastico, aggiungendo poca acqua se necessario. Lasciatelo riposare brevemente, quindi ponetelo sulla spianatoia leggermente infarinata e stendetelo con il matterello in modo da ottenere una larga sfoglia di circa 3 mm di spessore. Con la rotella dentata ritagliate dalla sfoglia tante strisce larghe circa 4 cm e lunghe almeno 50 centimetri. Piegate le strisce a metà per il lungo, pizzicatele, lungo la parte dentata, a intervalli regolari di circa 6 cm, in modo da saldare le due metà (1), quindi

1. *Piegate le strisce di pasta a metà per il lungo e pizzicatele, lungo la parte dentata, a intervalli regolari.*

2. *Avvolgetele a spirale in modo da ottenere tanti cestini simili a rose.*

TEMPO DI PREPARAZIONE:
1 ora e 30 minuti

DIFFICOLTÀ:
alta

ABBINAMENTO CONSIGLIATO:
Dolze Apulia
di Terre Federiciane (FG)

avvolgetele a spirale, continuando a pizzicare a intervalli regolari per sigillare: dovrete ottenere dei cestini simili a delle rose (2). Friggete le carteddate in una padella con abbondante olio di oliva ben caldo, poche per volta (3), prelevatele con il mestolo forato non appena saranno dorate e trasferitele a sgocciolare, capovolte, su carta assorbente da cucina, perché perdano l'unto in eccesso. In un'altra padella fate scaldare il vino cotto (in alternativa, potete utilizzare miele liquido), immergetevi le rosette di pasta fritte, sgocciolatele e disponetele sul piatto da portata. Tostate brevemente le mandorle, grattugiatele a filetti e distribuitele sulla superficie dei dolcetti. Completate spolverizzando di cannella e chiodi di garofano e servite le carteddate, calde oppure fredde.

3. *Friggete le carteddate nell'olio ben caldo.*

4. *Immergetele nel vino cotto, sgocciolatele e disponetele sul piatto da portata.*

Dolci

Chiamate anche "scartagghiate", "frìnzele" o "crùstoli", le carteddate sono tipiche delle festività natalizie.

Carteddate

INGREDIENTI: 500 g di chicchi di **grano tenero**, 1 **melagrana**, 150 g di **gherigli** di **noce**, 150 g di **cioccolato fondente**, 100 g di **scorza** di **cedro candita**, **zucchero**, 1 bicchiere di **vino cotto**

Cicc' cuòtt
Grano cotto

Lasciate il grano in ammollo in acqua fredda per 2 giorni. Scolatelo, trasferitelo in una pentola, copritelo di acqua, portate a bollore e lasciate cuocere per un'ora. Scolatelo, lasciatelo raffreddare e trasferitelo in una zuppiera. Unite i chicchi di melagrana, i gherigli di noce sminuzzati, il cioccolato ridotto in scaglie, il cedro tagliato a pezzetti e un cucchiaio di zucchero. Al momento di servire, unite il vino cotto e mescolate.

Dolce preparato tradizionalmente il 2 novembre, è conosciuto anche come "grano dei morti".

TEMPO DI PREPARAZIONE:
1 ora e 15 minuti
+ 48 ore di riposo

DIFFICOLTÀ:
bassa

ABBINAMENTO CONSIGLIATO:
Salento Rosso Aleatico Passito di Tenute Al Bano Carrisi (BR)

INGREDIENTI

PER LA PASTA: 700 g di **farina**, 100 g di **zucchero**, **olio extravergine di oliva**

PER IL RIPIENO: 600 g di **mandorle** pelate, 600 g di **zucchero**, **cannella** in polvere

PER LA GLASSA: 500 g di **zucchero**, il **succo** di 1/2 **limone**

Cuscini di Gesù Bambino

Per la pasta: impastate la farina con lo zucchero, 6 cucchiai di olio e tanta acqua quanta ne occorre per ottenere un composto sodo e omogeneo. Copritelo con un canovaccio e lasciatelo riposare per mezz'ora. Nel frattempo preparate il ripieno: passate al mixer le mandorle con 100 g di zucchero per ottenere una polvere fine.

Fate sciogliere in un pentolino posto su fuoco basso il rimanente zucchero con mezzo bicchiere di acqua. Unite le mandorle, profumate con un pizzico di cannella, mescolate e togliete dal fuoco. Stendete la pasta in una sfoglia molto sottile, che taglierete in rettangoli regolari. Farcite ogni rettangolo con un cucchiaio di ripieno, ripiegatelo a metà e sigillate i bordi premendo con le dita. Bucherellate i "cuscini" con i rebbi di una forchetta e cuoceteli in forno già caldo a 200 °C per circa 20 minuti. Nel frattempo preparate la glassa: setacciate lo zucchero in una ciotola e diluitelo con 4 cucchiai di acqua calda. Mescolate energicamente e incorporate il succo del limone filtrato. Sfornate i dolcetti, lasciateli raffreddare e pennellateli con la glassa; fatela rapprendere completamente prima di servire.

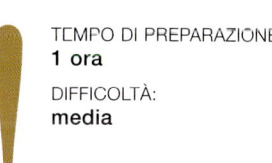

TEMPO DI PREPARAZIONE:
1 ora

DIFFICOLTÀ:
media

ABBINAMENTO CONSIGLIATO:
Puglia Aleatico di Tenute Rubino (BR)

Dolci

INGREDIENTI PER 6 PERSONE

PER LA PASTELLA: 300 g di **farina**, 4 **uova**, 7,5 dl di **latte**, **zucchero**, la **scorza** di 1/2 **arancia**, **burro**, **sale**

PER LA FARCIA: 300 g di **ricotta** di pecora, 100 g di **zucchero**, la **scorza** e il **succo** di 1 **limone**, 150 g di **cioccolato fondente**, 50 g di **scorza** di **arancia candita**

PER DECORARE: **zucchero a velo**, **cannella** in polvere

Desciti d'apostole

Dita degli apostoli

Preparate la pastella: in una ciotola mescolate la farina con un pizzico di sale e le uova, quindi, sbattendo il composto con una frusta in modo che non si formino grumi, aggiungete il latte poco alla volta (1). Incorporate al composto un cucchiaio di zucchero e la scorza grattugiata dell'arancia, mescolate e coprite la ciotola. Fate riposare la pastella per circa mezz'ora. Nel frattempo preparate il ripieno: in una terrina lavorate la ricotta con lo zucchero, il succo e la scorza grattugiata del limone, mescolando fino a ottenere un composto cremoso e omogeneo (2).

1. Lavorate la pastella con una frusta, incorporando al composto di farina e uova poco latte per volta.

2. Amalgamate la ricotta con gli altri ingredienti per il ripieno.

TEMPO DI PREPARAZIONE:
1 ora e 30 minuti

DIFFICOLTÀ:
alta

ABBINAMENTO CONSIGLIATO:
Moscato di Trani Kaloro di Tormaresca (BR)

Riducete il cioccolato a pezzetti, tagliate a dadini la scorza di arancia candita e incorporate i due ingredienti al ripieno. Coprite la terrina e ponete a riposare in frigorifero fino al momento di farcire il dolce. Fate sciogliere pochissimo burro in una padella antiaderente di 12 cm di diametro e versatevi un mestolino di pastella (3); distribuitela sul fondo in un velo omogeneo e sottile, muovendo la padella con un movimento circolare. Fate dorare la crespella su un lato, lasciandola cuocere per circa un minuto, quindi voltatela e cuocetela anche sull'altro lato. Trasferitela su un piatto e proseguite in questo modo fino a esaurire la pastella. Ponete al centro di ogni crespella un cucchiaio di ripieno, allungandolo a formare una sorta di cilindro; arrotolate le crespelle a formare dei cannoli, assottigliando gli estremi per conferire la tipica forma a dito (4). Disponete le "dita" sul piatto da portata e cospargetele di zucchero a velo e cannella; servitele appena fatte, tiepide, oppure passatele in frigorifero fino al momento di servire.

3. Versate un mestolino di pastella in una padellina e cuocetela per ottenere una crespella.

4. Arrotolate le crespelle a formare dei cannoli.

Il nome di questo dolce, tradizionalmente legato alla Pasqua, rimanda direttamente alla sua forma.

Desciti d'apostole

INGREDIENTI: 300 g di **ricotta** di pecora, 400 g di **farina**, 40 g di **lievito** di **birra**, 120 g di **zucchero**, **cannella** in polvere, 80 g di **mandorle** pelate, **olio extravergine di oliva, olio di oliva, sale**

Frittelle di ricotta

Le frittelle di ricotta si preparano in molti modi diversi in tutta la regione: in alcuni casi si tratta semplicemente di losanghe di ricotta fresca impanate e fritte.

In una ciotola impastate 100 g di farina insieme con il lievito, precedentemente sciolto in poca acqua tiepida. Coprite la ciotola con un canovaccio e lasciate lievitare la pastella ottenuta per circa 30 minuti. Trasferite il panetto lievitato sulla spianatoia e incorporatevi la restante farina, la ricotta, lo zucchero, un cucchiaio di cannella, mezzo bicchiere scarso di olio extravergine e un pizzico di sale. Lavorate con le mani gli ingredienti fino a ottenere un impasto morbido e omogeneo, trasferitelo in una ciotola leggermente infarinata, copritelo con un canovaccio e lasciatelo lievitare per circa un'ora.

Nel frattempo, tritate le mandorle. Prelevate l'impasto con un cucchiaio, in modo da ottenere delle palline irregolari che friggerete, poche per volta, in abbondante olio di oliva ben caldo; sgocciolatele con il mestolo forato non appena saranno dorate e trasferitele a mano a mano su carta assorbente da cucina perché perdano l'unto in eccesso. Fate rotolare brevemente le frittelle nelle mandorle tritate, in modo che se ne rivestano, e servitele.

TEMPO DI PREPARAZIONE:
45 minuti + 1 ora e 30 minuti di riposo

DIFFICOLTÀ:
media

ABBINAMENTO CONSIGLIATO:
Puglia Moscato Passito di Torre Quarto (FG)

INGREDIENTI: 1 l di **alcol a 90°**, 300 g di **finocchietto selvatico**, 1 cucchiaio di **semi di finocchio**, la scorza di 1 **limone** non trattato, 700 g di **zucchero**

Liquore al finocchietto selvatico

Mondate, lavate e asciugate delicatamente i ciuffi di finocchietto selvatico, quindi poneteli in un capiente vaso di vetro insieme con i semi di finocchio leggermente schiacciati e la scorza di limone ben lavata (solo la parte gialla). Coprite il tutto con l'alcol, tappate il vaso e lasciate riposare per 2 settimane, agitando il recipiente una volta al giorno. Preparate uno sciroppo facendo sciogliere lo zucchero con 8 dl di acqua in un tegame posto su fuoco moderato. Versate lo sciroppo nel vaso con l'alcol e gli aromi, tappate nuovamente e lasciate riposare per un giorno intero, quindi filtrate e imbottigliate il liquore. Lasciate maturare per almeno 2 mesi prima di servire.

TEMPO DI PREPARAZIONE:
30 minuti
+ 2 mesi e 15 giorni
DIFFICOLTÀ:
media

ABBINAMENTO CONSIGLIATO:
per questa ricetta non è previsto alcun abbinamento.

Un liquore dal profumo intensamente mediterraneo, ideale da servire a fine pasto.

INGREDIENTI: 500 g di **farina**, 1 dl di **vino bianco secco**, **olio di oliva**, **sale**
PER LA GLASSA: 250 g di **zucchero**, il succo di 1/2 **limone**

Occhi di Santa Lucia

Disponete la farina a fontana sulla spianatoia. Al centro versate il vino, altrettanto olio e un pizzico di sale. Impastate il tutto, aggiungendo poco altro vino se necessario, fino a ottenere un composto omogeneo.
Suddividetelo in piccoli pezzi e lavorateli sulla spianatoia leggermente infarinata, facendoli rotolare sotto il palmo della mano in modo da ottenere tanti filoncini lunghi circa 12 cm ciascuno. Chiudeteli a formare delle ciambelline, saldando le estremità. Distribuite le ciambelline su una placca foderata di carta da forno e cuocetele in forno già caldo a 160 °C per circa 20 minuti. Sfornatele e lasciatele raffreddare. Nel frattempo preparate la glassa: setacciate lo zucchero in una ciotola e diluitelo con 4 cucchiai di acqua calda. Mescolate energicamente e incorporate il succo del limone filtrato. Immergete i dolcetti nella glassa e lasciatela solidificare perfettamente prima di servire.

TEMPO DI PREPARAZIONE:
1 ora
DIFFICOLTÀ:
media
ABBINAMENTO CONSIGLIATO:
Salento Rosso Dolce Rabum Passito di Duca Carlo Guarini (LE)

La tradizione vuole che questi dolcetti, simili a tarallini, vengano gustati il 13 dicembre, in onore della santa.

INGREDIENTI: 500 g di **farina**, 30 g di **lievito** di **birra**, **olio di oliva**, **sale**
PER GUARNIRE: **miele, vino cotto, zucchero a velo**

Pettue

TEMPO DI PREPARAZIONE:
1 ora + 3 ore di riposo
DIFFICOLTÀ:
media

ABBINAMENTO CONSIGLIATO:
Puglia Moscato di Leone De Castris

Stemperate il lievito sbriciolato in poca acqua tiepida leggermente salata.

Setacciate la farina a fontana in una capace ciotola e al centro versate il lievito sciolto; impastate il tutto, unendo tanta acqua tiepida quanta ne occorre per ottenere un impasto morbido e omogeneo; continuate a lavorare con le mani fino a che l'impasto non si staccherà dalle pareti della ciotola, quindi copritelo con un canovaccio e lasciatelo lievitare in luogo tiepido per circa 3 ore. In una capace padella di ferro a bordi alti fate scaldare abbondante olio. Con un cucchiaio bagnato prelevate delle piccole porzioni di impasto, tuffatele, poche per volta, nell'olio, e friggetele fino a che non saranno dorate. Sgocciolatele con il mestolo forato e trasferitele su carta assorbente da cucina perché perdano l'unto in eccesso. Cospargete parte delle pettue di zucchero a velo, immergetene altre nel vino cotto e guarnitene altre ancora con un filo di miele. Servitele calde.

Diffuse in tutta la regione, queste frittelle si preparano a partire dall'Immacolata Concezione, l'8 dicembre, per tutto il periodo delle festività natalizie.

INGREDIENTI: 250 g di **farina**, 2 **uova**, vino bianco, la **scorza** di 1/2 **limone**, 300 g di **mostarda** di uva, olio extravergine di oliva, sale

Pitteddre

Setacciate la farina a fontana sulla spianatoia; al centro sgusciate le uova e unite 2 cucchiai di vino, la scorza grattugiata del limone, 4 cucchiai di olio e un pizzico di sale. Lavorate il composto fino a ottenere una pasta frolla piuttosto morbida, aggiungendo poca acqua se necessario. Stendete la pasta a uno spessore di circa 5 mm, bucherellatela con i rebbi di una forchetta, ritagliate tanti dischi di circa 10 cm di diametro, e al centro di ognuno deponete una cucchiaiata di mostarda. Richiudete i dischi di pasta a formare delle mezzelune, sigillate i bordi premendo con le dita e trasferitele su una teglia foderata di carta da forno. Cuocete le pitteddre in forno già caldo a 190 °C per 15 minuti circa. Sfornate e lasciate raffreddare prima di servire.

TEMPO DI PREPARAZIONE:
1 ora
DIFFICOLTÀ:
media

ABBINAMENTO CONSIGLIATO:
Salento Rosso Passito di Cantine De Falco (LE)

A forma di mezzaluna o di cestino, le pitteddre, dolce natalizio leccese, possono essere farcite non solo con mostarda di uva, sorta di confettura di uva e mela cotogna, ma anche con marmellata di ciliegie o ricotta e miele.

INGREDIENTI: 500 g di **farina**, 150 g di **vino cotto**, 50 g di **mandorle**, 100 g di **cioccolato** fondente, 150 g di **zucchero**, **cacao**, 1 bicchiere di **latte**, 1 cucchiaino di **bicarbonato**, **miele**, **cannella** in polvere, **chiodi** di **garofano** in polvere, la **scorza** di 1/2 **arancia**, la **scorza** di 1 **mandarino**, **olio** extravergine di oliva, **sale**

Taralli neri con vincotto

Fate scaldare in un pentolino posto su fuoco dolcissimo il vino cotto. Tostate brevemente e tritate le mandorle; riducete a scaglie il cioccolato. Versate la farina a fontana sulla spianatoia; al centro raccogliete il vino cotto caldo, il cioccolato, le mandorle, lo zucchero, un cucchiaio di cacao, il latte, il bicarbonato, un cucchiaino di miele, un pizzico di cannella, uno di chiodi di garofano, la scorza degli agrumi e 3 cucchiai di olio. Impastate il tutto fino a ottenere un composto omogeneo, aggiungendo altro vino cotto se necessario. Dividete il composto in pezzi che farete rotolare sulla spianatoia infarinata in modo da ottenere dei cordoni di pasta spessi 2-3 centimetri. Tagliateli in pezzi lunghi circa 15 cm e chiudeteli ad anello, premendo per sigillare le estremità.

Disponete i taralli su una placca da forno unta di olio, distanziandoli tra di loro, e cuoceteli in forno già caldo a 180 °C per 10-15 minuti. Lasciate raffreddare i taralli prima di servirli.

TEMPO DI PREPARAZIONE:
1 ora e 10 minuti

DIFFICOLTÀ:
media

ABBINAMENTO CONSIGLIATO:
Salento Rosso Dolce Botrus di Botrugno (BR)

Tipici del Foggiano, questi taralli dolci si preparavano un tempo per celebrare gli eventi più importanti, come i matrimoni.

Prodotti e vini della Puglia

Prodotti DOP e IGP

ARANCIA DEL GARGANO IGP
CACIOCAVALLO SILANO DOP
CANESTRATO PUGLIESE DOP
CLEMENTINE DEL GOLFO DI TARANTO IGP
OLIVA LA BELLA DELLA DAUNIA DOP
LIMONE FEMMINELLO DEL GARGANO IGP
MOZZARELLA DI BUFALA CAMPANA DOP
OLIO EXTRAVERGINE DI OLIVA COLLINA DI BRINDISI DOP
OLIO EXTRAVERGINE DI OLIVA DAUNO DOP
OLIO EXTRAVERGINE DI OLIVA TERRA D'OTRANTO DOP
OLIO EXTRAVERGINE DI OLIVA TERRA DI BARI DOP
OLIO EXTRAVERGINE DI OLIVA TERRE TARENTINE DOP
PANE DI ALTAMURA DOP

Vini DOC e IGT

ALEATICO DI PUGLIA DOC
ALEZIO DOC
BRINDISI DOC
CACC'E MMITTE DI LUCERA DOC
CASTEL DEL MONTE DOC
COLLINE JONICHE TARANTINE DOC
COPERTINO DOC
DAUNIA IGT
GALATINA DOC
GIOIA DEL COLLE DOC
GRAVINA DOC
LEVERANO DOC
LIZZANO DOC
LOCOROTONDO DOC
MARTINA FRANCA DOC
MATINO DOC
MOSCATO DI TRANI DOC
MURGIA IGT
NARDÒ DOC
ORTA NOVA DOC
OSTUNI DOC
PRIMITIVO DI MANDURIA DOC
PUGLIA IGT
ROSSO BARLETTA DOC
ROSSO CANOSA DOC
ROSSO DI CERIGNOLA DOC
SALENTO IGT
SALICE SALENTINO DOC
SAN SEVERO DOC
SQUINZANO DOC
TARANTINO IGT
VALLE D'ITRIA IGT

Indice delle ricette

Agnello a cutturiedde	70
Alici all'aceto	26
Alici arraganate	68
Alici marinate	27
Bucatini affumicati	40
Calzoni pugliesi	28
Capunti ai funghi cardoncelli	44
Carteddate	106
Cavatelli ai ceci	46
Cavatelli al polpo	47
Cavatelli con fave novelle e pancetta	41
Cavatelli con la ruchetta	42
Cicc' cuòtt	110
Ciceri e tria	48
Cicuredde cu llè fae'nette	88
Cozze fritte	30
Cozze ripiene	71
Cuscini di Gesù Bambino	111
Desciti d'apostole	112
Focaccia con olive e pomodori secchi	31
Friselle al pomodoro	32
Frittata alla menta	72
Frittelle di patate alla tarantina	104
Frittelle di ricotta	116
Lagane con ragù di agnello	52
Lampascioni al forno	90
Lampascioni con le uova	74
Lampascioni fritti	34
Liquore al finocchietto selvatico	118
Melanzane alla tarantina	92
Melanzane sott'olio	93
Minestra verde	54
N'trucc'l e fasul	55

Occhi di Santa Lucia	119
Orata alla pugliese	75
Orecchiette alla barese	56
Orecchiette alla crudaiola	43
Orecchiette alla ricotta forte	60
Orecchiette con le braciole	61
Orecchiette con le cime di rapa	62
Patate sfritte	94
Pepata di cozze	76
Peperoni gialli ripieni	96
Peperoni verdi ripieni	98
Pettue	120
Pezzetti di cavallo in pignata	77
Pimmaduari siccati sutt'uagliu	99
Pitteddrhe	121
Pittule	35
Pizza di patate	36
Polpette di uova	78
Polpo e patate	38
Polpo in pignata	80
Pulpitt	82
Purè di fave	100
Rape 'nfucate	102
Sarde in tortiera	83
Sogliola gratinata	84
Spaghetti con le cozze	64
Taralli neri con vincotto	122
Tarallini	39
Tiella di riso, cozze e patate	65
Tiella di verdura con le cozze	86
Zucchine alla poveretta	105
Zuppa di pesce	66